古代歷史文化研究輯刊

二一編

王明蓀 主編

第 15 冊

元代直隸省部研究（上）

葛仁考 著

國家圖書館出版品預行編目資料

元代直隸省部研究（上）／葛仁考 著 ─ 初版 ─ 新北市：花
木蘭文化事業有限公司，2019〔民 108〕

目 4+148 面；19×26 公分

（古代歷史文化研究輯刊 二一編：第 15 冊）

ISBN 978-986-485-733-3（精裝）

1. 方志學 2. 研究考訂 3. 元代

618　　　　　　　　　　　　　　　　　108001503

ISBN-978-986-485-733-3

9 789864 857333

古代歷史文化研究輯刊

二一編　第十五冊　　　　　　ISBN：978-986-485-733-3

元代直隸省部研究（上）

作　　者	葛仁考
主　　編	王明蓀
總 編 輯	杜潔祥
副總編輯	楊嘉樂
編　　輯	許郁翎、王筑　美術編輯　陳逸婷
出　　版	花木蘭文化事業有限公司
發 行 人	高小娟
聯絡地址	235 新北市中和區中安街七二號十三樓
	電話：02-2923-1455 ／傳眞：02-2923-1452
網　　址	http://www.huamulan.tw 信箱 hml810518@gmail.com
印　　刷	普羅文化出版廣告事業
初　　版	2019 年 3 月
全書字數	286090 字
定　　價	二一編 49 冊（精裝）台幣 122,000 元

元代直隸省部研究（上）

葛仁考　著

作者簡介

葛仁考（1969～），男，河北邢臺人，歷史學博士，就職於邢臺學院。先後師從著名蒙古學專家、內蒙古大學寶音德力根先生，中國元史研究會會長、南開大學講席教授李治安先生。多年來，致力於元代河北及家鄉名人劉秉忠等研究，在《內蒙古大學學報》《元史論叢》《中原文物》等期刊發表《元代重臣劉秉忠事蹟考釋兩則》《元代太史院考述》《元代靳德茂墓誌考釋》等近二十篇學術論文。2014 年，專著《元朝重臣劉秉忠研究》由人民出版社出版。

提　　要

　　北連蒙古高原、南帶華北平原、中間環繞燕山、西依太行山、南臨黃河、東瀕渤海，再加上運河的南北貫通，河北區位優勢明顯。唐朝「河朔三鎮」、北宋定都汴梁、遼金坐大等，促成河北爲軍事的「根本之地」。元朝雜糅蒙古大汗直轄中央兀魯思諸部習俗與漢唐畿輔制度，在「腹裏」東、西兩翼設置宣慰司，河北成爲「直隸省部」。「直隸省部」屬性在政治、軍事、監察、文化，乃至地方都有所表現。中書省及六部直接管理是「直隸」的典型特徵，體現在公文呈發、賦役戶婚、吏員選拔遷調及鄉試、驛站管理等方面。因位居共同畿輔，元代「直隸省部」深刻影響了明、清兩朝。該地區屯駐了大量侍衛親軍，行使以「護衛兩都」爲主的基本職能。燕南河北道肅政廉訪司堪稱天下第一道，元朝高度重視其官員選拔及陞轉等方面。金元之際，太行山東麓三個學者群體代表北方漢文化主要流派：封龍山學者群繼承孔孟經學，主張以文載道；紫金山學者群鑽研術數之學，力推酌古宜今；蘇門山學者群弘揚程朱理學，躬身道行天下。具體路分層面：「北界連南界」的興和路是兩都「東出西還」的重要地段；「天下樂郡」的順德路具有兩度「新政」的典範意義；「河內山陽」的懷孟路曾爲忽必烈食邑和愛育黎拔力八達出居地。

目

次

緒　論

一、研究緣起

（一）學術價值

國學大師梁啓超曾言：「治中國史，分地研究，極爲重要。因爲版圖太大，各地的發展，前後相差懸殊」〔註1〕。這一論斷，放置於版圖空前的蒙元王朝更爲貼切。依照北方游牧民族政權的左右翼制度，元代「腹裏」中間地帶的河北地區，是直接隸屬於蒙古大汗統轄的「直隸省部」。進而，演變成明代的北直隸、清代的直隸省，形成中國歷史上最顯赫的「畿輔」。對蒙元統治下「直隸省部」地區進行系統研究，或爲釋讀「畿輔」的發端增磚添瓦。

近人曾言直隸省地理之壯觀，「右控太行，背負邊塞，渤澥襟抱於東陲，九河縱橫於腹地。其山川之壯麗，文物之殷賑，於歷史地理均占重要之位置。……在元、明、清三朝，控馭八荒，爲時且六百餘年。此邦地志固當弁冕諸行省。」〔註2〕此處的「背負邊塞」，正如學界所言「河北大地幾千年來，基本上是平原的農耕經濟與草原的畜牧經濟匯合處之一，是漢族和少數民族融合處之一，也是歷史上錯綜複雜的政治鬥爭聚焦處之一。」〔註3〕可以說，河北地區成爲唐末以來游牧文明和農耕文明交鋒的重要交接地帶。正是「山

〔註 1〕　梁啓超：《中國歷史研究法》，河北教育出版社，2000 年，第 195 頁。
〔註 2〕　于學忠：《（重印）畿輔通志・序》，《（光緒十年）畿輔通志》重印本，商務印書館，1934 年。
〔註 3〕　孫寶存：《河北經濟史》序，苑書義、孫寶存、郭文書主編：《河北經濟史》，人民出版社，2003 年，序，第 3 頁。

川之壯麗，文物之殷賑」的地利情勢和兩種文明交接點的經濟特點及其衍生的政治形勢，再加上遼金兩代的經營，成就了元朝的京畿特質。

元代「直隸省部」轄區主體是河北地區。這裡為「唐堯發祥之邦，成周以降，齊晉交錯於前，燕、趙、中山稱雄於後」〔註4〕。自秦漢至隋唐，王朝的統治中心為長安一帶的內陸地區，王朝邊境外患主要來自蒙古高原的匈奴、柔然、鐵勒、突厥、回鶻等北方少數民族。期間，雖然有鮮卑等「五胡亂中華」時期對黃河中下游地區統治中心的建立，如石勒建都襄都（今河北省邢臺市）等，還有曹操對東北烏桓的攻略，但總的南北民族博弈前沿並不在河北地區。這一時期的政治內憂，儘管有空前規模的黃巾起義和竇建德勢力，它們都曾經威脅到中央政府的統治，但河北地區算是不被重視的邊緣之地。

然而，唐代中後期為防備奚、契丹等東北邊患，范陽節度使安祿山的勢力逐漸坐大。安史之亂及其之後的藩鎮割據，更使得盧龍、成德、魏博河朔三鎮形成與中央政府分庭抗禮的中堅力量，從軍事層面展現出河北的重要地位，這一態勢延續至以後的遼、宋、金、元，乃至明、清。

唐代後期，黃河下游崛起的新城市顯示了新的經濟勢態：汴梁以四河匯聚之地受到了其後王朝統治者的青睞。〔註5〕「當數朝戰伐之餘，是兆庶傷殘之後，車徒既廣，芻廩咸虛。經年之挽粟飛芻，繼日而勞民動眾，常煩漕運，不給供需。今汴州水陸要衝，山河形勝，乃萬庾千箱之地，是四通八達之郊。爰自按巡，益觀宜便，俾升都邑，以利兵民。汴州宜升為東京，置開封府。」〔註6〕十世紀初期，後梁皇帝朱溫建都汴梁，契丹首領耶律阿保機成就契丹國業，河北地區上升為南北衝突的前沿陣地，重要性更趨明顯。石敬瑭恭送幽、雲十六州給契丹，燕山對北方民族的自然阻撓因而消失。960年，宋朝建立者趙匡胤依然定都於汴梁。結束五代十國混亂局面之際，宋太宗希望一鼓作氣收復幽雲之地，成就不世功業，然而高梁河決戰和「雍熙北伐」的失敗，打消宋朝收復燕雲的銳氣。1044年，契丹入侵北宋的澶州戰役出現雙方妥協的結晶：《澶淵之盟》。從此，河北的軍事屬性更趨重要，「天下根本在河北，河

〔註4〕 于學忠：《（重印）畿輔通志・序》，《（光緒十年）畿輔通志》重印本，商務印書館，1934年。

〔註5〕 史念海：《中國古都與文化》，中華書局，1998年，第271頁。

〔註6〕 （宋）薛居正等：《舊五代史》卷七七《晉書三・高祖紀》，中華書局，1976年，第1020頁。

北根本在鎮、定，以其犯賊衝，爲國門戶」〔註7〕。河北中部的白溝成爲遼宋南疆北界的標線，「白溝河邊蕃塞地，送迎蕃使年年事。蕃使常來射狐兔，漢兵不道傳烽燧。萬里鋤耰接塞垣，幽燕桑葉暗川原。棘門灞上徒兒戲，李牧廉頗莫更論。」〔註8〕這首詩歌眞切的透露出文人士大夫對於河北邊事的感慨和無奈。北方的女眞政權於 1125 年、1127 年分別滅亡了遼朝和北宋政權。至此，河北地區全部成爲金朝領土，在這裡設置了中都路、河北東路、河北西路和大名路，基本延續了宋代河北路（曾分爲河北東路、河北西路）和遼代南京路。13 世紀初，稱雄於蒙古高原的成吉思汗開始對河北地區攻掠。河北地區人民又一次被捲入征服戰爭的前沿陣地。由此可知，自唐後期以來，河北地區成爲接受戰爭洗禮的衝當要地，歷經宋遼、宋金、金蒙等多次朝代更替而呈愈演愈烈之勢。蒙金戰爭肇始於河北地區，並且在滅金過程中，降蒙的河北漢世侯成爲一支重要力量，「國朝龍興幕北，走金河南，中州豪傑，起應以兵，而金滅矣。若眞定史氏，東平嚴氏，滿城、濟南兩張氏，是也。」〔註9〕

1260 年，忽必烈在開平（1263 年改稱上都）登上汗位。1264 年改燕京爲中都。1274 年中都改稱大都，接受百官朝賀。上都和大都逐漸形成兩都「歲時巡幸」制度。從此以後七百多年間，「左環滄海，右擁太行，南襟河濟，北枕居庸」〔註10〕的北京地區一直成爲中國首都的不二首選〔註11〕。

河北地區由蒙古帝國時代的燕京行臺轄地成爲中書省直轄的「腹裏」地區，「分天下爲十一省，以山東西、河北之地爲腹裏，隸都省。」〔註12〕元朝在腹裏地區左右翼設立山東、山西宣慰司，分別管轄山東、山西地區，河北又具有更獨特的「擬漢三輔」〔註13〕的京畿特徵。這一京畿特徵被以後的明

〔註7〕　（宋）宋祁：《上仁宗論河北根本在鎮定》，趙汝愚：《宋朝諸臣奏議》卷一三六，上海古籍出版社，1999 年，第 1519 頁。另見《宋史》卷二八四《宋祁傳》，中華書局，1977 年，第 9596 頁。

〔註8〕　（宋）王安石：《臨川先生文集》卷五《白溝行》，四部叢刊本。

〔註9〕　（元）元明善：《藁城董氏家傳》，蘇天爵：《元文類》卷七○，商務印書館，1936 年，第 1005 頁。

〔註10〕　（清）于敏中等：《日下舊聞考》卷五《形勝一》，北京古籍出版社，1983 年，第 80 頁。

〔註11〕　關於元大都成爲中國政治中心的研究，參見：王崗：《元大都成爲全國政治中心的幾點思考》，《元史論叢》第十三輯，天津古籍出版社，2010 年。

〔註12〕　《經世大典序錄·賦典總序·都邑》，蘇天爵：《元文類》卷四十，商務印書館，1936 年，第 516 頁。

〔註13〕　危素：《保定路總管府題名之記》，轉引自：劉鐵增：《一通刻了十二年的碑》，

朝繼承，明朝的北直隸地區進一步完善了河北地區直屬中央管理的屬性。清代對明代的這一名稱繼續沿用，並形成了全國最重要的「直隸」省級行政實體。一直到 1928 年北伐戰爭，直隸省更名爲河北省。河北在元代開始形成「直隸省部」角色，歷經元、明、清，時間跨度爲 654 年（1274～1928，期間有明朝初期的北平行省等管理體制）。如此，在河北地區向省級地方機構演進過程中，元代自然是極爲重要的一環。元、明、清行省制度演變進程，體現了河北地區「天下之根本」，亦即「直隸」和「畿輔」的特殊屬性。

元代地方行政繼承前代而又不同於前代，這在腹裏的河北地區表現明顯，「唐以前以郡領縣而已，元則有路、府、州、縣四等。大率以路領州、領縣，而腹裏或有以路領府、府領州、州領縣者，其府與州又有不隸路而直隸省者，具載於篇，而其沿革則溯唐而止焉。」〔註 14〕「五級齊全的區劃只有一個特例，即中書省（約今華北各省區及山東、河南北部）——上都路（今河北北部、內蒙古一部分）——順寧府（今河北淶源至宣化一帶及山西靈丘等縣）下轄保安、蔚（今河北涿鹿、蔚縣一帶）兩州，州下分別轄一縣與五縣。」〔註 15〕從河北行政歷史演變的縱向觀察和路、府、州、縣內部管理體制的橫向分析，是深入認識元代直隸省部政治屬性的重要因素。

「自昔燕、趙山川風氣雄渾奇偉，豪傑之士往往出於其間。」〔註 16〕元之所以爲元，緣於邢州人劉秉忠〔註 17〕取「《易經》乾元之義」〔註 18〕；元之所以有兩都的建築，歸功於劉秉忠的創意；兩宋理學之所以北傳延續，得力

《文物春秋》，第 1996 年第 3 期。

〔註 14〕 《元史》卷五八《地理志一》，中華書局，1976 年，第 1346 頁。

〔註 15〕 周振鶴：《中國歷代行政區劃的變遷》，商務印書館，1998 年，第 58 頁。

〔註 16〕 （元）蘇天爵：《滋溪文稿》卷六《宋正獻文集後序》，陳高華、孟繁清點校，中華書局，1997 年，第 80 頁。

〔註 17〕 從現有史料可知，元代有多個劉秉忠：一爲邢州劉秉忠，即爲忽必烈建功立業的元初重臣劉秉忠。二爲霸州劉秉忠，其曾爲郝經作傳，見於《霸縣志》，《全元文》將其歸於邢州劉秉忠。然，郝經卒年爲 1275 年，晚於邢州劉秉忠一年之久。參見：李修生：《全元文》（三）卷一一五《劉秉忠·郝文忠公傳》，江蘇古籍出版社，1999 年，第 460～461 頁。三爲江西瑞州劉秉忠。四爲高郵劉秉忠。王德毅、李榮村、潘柏澄等：《元人傳記資料索引》，臺灣新文豐出版公司，1979 年，第 1841 頁。另《全元文》所收來源於《同官縣志》的《常氏孝感碑》，雖標明爲劉秉中所撰，但此人官職爲「總管五路奧魯萬戶」，肯定不是邢州劉秉忠。關於劉秉忠的系統研究，參見拙著《元朝重臣劉秉忠研究》，人民出版社，2014 年版。

〔註 18〕 《元史》卷七《世祖本紀四》，中華書局，1976 年，第 138 頁。

於許衡對朱子學說和劉因對周、程等理學的推崇〔註19〕；1259 年忽必烈毅然撤軍北歸，從而成就了輝煌帝業，郝經的《班師議》功莫大矣；1281 年《授時曆》的天文、數學等卓越自然科學業績鎔鑄郭守敬等「邢州士人群體」的辛勤汗水；通惠河開鑿所帶來的大都物資供應彰顯了郭守敬超妙絕倫的水利技藝；《元朝名臣事略》和《元文類》的史學、文學成就顯示了蘇天爵不同凡響的人文眼光。所有這些爲我們留下了河北地區人物影響元朝歷史的深刻印記。對元代該地區士人立足的不同文化派別加以考論，既有利於認識元初文化發展動向，又可以從士人投身政治、科技、文化的角度展現其各自風貌。

雖然元代直隸省部地區有相對固定的統治區域，但由於地理差別、歷史傳統、統治者的重視程度等方面的差別，元代直隸省部內部路分之間，亦有此路不同於他路的個性傾向。從南、北、中等選擇有代表性的路分，對直隸省部的興和路、順德路、懷孟路作針對性的個案分析，無疑也是理解元代直隸省部的重要視角。

總之，元史研究的兩條主軸，即元朝在中國史上的獨特性和延續性〔註20〕，在本書研究中均有所體現。

（二）借鑒意義

歷史學的使命之一是利用歷史探索與現實的對接。在上述學術問題努力鑽研的同時，本著古爲今用「史學借鑒」角度，筆者著眼於下列一些問題的論述：

征服王朝〔註21〕的蒙元帝國承繼遼、金北方民族的南進趨勢，並在此基礎上演進爲中國征服王朝的頂峰。其版圖爲中國各朝代之冠，「自封建變爲郡縣，有天下者，漢、隋、唐、宋爲盛，然幅員之廣，咸不逮元。漢梗於北狄，

〔註19〕（元）蘇天爵：《滋溪文稿》卷八《靜修先生劉公墓表》（陳高華、孟繁清點校，中華書局，1997 年，第 110 頁）：「其學本諸周、程，而於邵子觀物之書，深有契焉。」

〔註20〕蕭啓慶：《千山獨行：我的習史歷程》，氏著《內北國而外中國：蒙元史研究》之《代序》，中華書局，2007 年，第 8 頁。

〔註21〕征服王朝是德裔美國人魏復古（Karl A.Wittfogel.1896～1988A.D.）於 1949 年出版的《中國遼代社會史》（History of Chinese Society, Liao, 907～1115）中提出的理論，詳見《征服王朝論文集》，（臺灣）稻鄉出版社，2002 年，第 235 頁。蕭啓慶先生曾撰寫元代征服王朝方面論文：《元朝的統一與統合——以漢地和江南爲中心》，《元代史新論》，（臺灣）允晨文化實業股份有限公司，1999 年。

隋不能服東夷，唐患在西戎，宋患常在西北。若元，則起朔漠，並西域，平西夏，滅女眞，臣高麗，定南詔，遂下江南，而天下爲一，故其地北逾陰山，西極流沙，東盡遼左，南越海表。蓋漢東西九千三百二里，南北一萬三千三百六十八里，唐東西九千五百一十一里，南北一萬六千九百一十八里，元東南所至不下漢、唐，而西北則過之，有難以里數限者矣。」〔註22〕元朝逐次推進的征服過程不僅表現在版圖方面，而且在制度變遷方面也有很大的體現。制度變遷的重要一點就是帶有軍事色彩的行省演化爲地方行政制度，使行省制度〔註23〕成爲中國地方行政制度的典範。中書省〔註24〕直轄的直隸省部地區既是最早受到蒙軍攻擊的中原地區和其後南下的主要通道，又是最爲倚重的京畿地區。這種錯綜複雜的現象使得元代在河北的行政制度上表現得極爲典型，影響接續同一地域特徵的明、清王朝以至現代社會。環繞都城的河北地區成爲元、明、清歷代統治者極爲重視的京畿重地。元代在變更河北地區爲直隸省部的某些作爲，一定程度上或爲我們現在行政區劃的改革提供了一些思考〔註25〕。

　　近年來，人們逐步意識到經濟發展與社會環境關係是社會和諧的必要前提，社會環境發展演變的探索作爲歷史學的一個有機組成，逐漸受到社會的認同。作爲中國北方經濟發展中心的京津冀區域〔註26〕，對於環境發展史的研究也很有必要。自河北成爲京畿以來，由於人口承載、經濟需求等方面的

〔註22〕　《元史》卷五八《地理志一》，中華書局，1976年，第1345頁。

〔註23〕　關於行省制度研究，參見：李治安師：《行省制度研究》，南開大學出版社，2000年。

〔註24〕　屈文軍《論元代中書省的本質》（《西北民族研究》2003年第3期）針對元史學界主流意見「元代的中書省基本上是一漢式宰相機構」，提出自己的見解：「元代的中書省儘管擁有漢式官署名稱和官職稱號，但本質上並不是傳統宰相制度的自然發展，而是大蒙古國時期大斷事官機構的延續。」

〔註25〕　關於行政區劃的改革思路問題，學界有過很多文章，且多從元代興起的行省制度論起，並從史學借鑒的角度談論合理性。詳見：周振鶴：《中央與地方關係史的一個側面（下）——兩千年地方政府層級變遷的分析》，《復旦學報》1995年第4期；華林甫，成崇德：《中國歷代分省模式探討》，《中國人民大學學報》2006年第4期；李治安師：《元代政區地理的變遷軌跡及特色新探》（一）、（二）、（三），《歷史教學》（高校版）2007年第1、2、3期。

〔註26〕　這方面已有學者作了有益的研究。孟繁清主編《河北經濟通史》，人民出版社，2003年。孟繁清等著《蒙元時期環渤海地區社會經濟發展研究》，天津教育出版社，2003年。孟繁清主編《中國古代環渤海地區與其他經濟區比較研究》，河北人民出版社，2004年。

影響，其環境變化異常明顯，本書力圖對作爲京畿發端的元代河北地區自然環境作大體勾勒，並從歷史的角度窺視環境變幻之趨勢。

　　文化傳承是中華民族最重要的載體。元代直隸省部地區湧現了影響歷史進程的諸多文化名人，許衡、劉因對道學的推崇、傳播，劉秉忠、郭守敬對元大都的規劃設計，李冶、王恂對數學的鑽研、教育，蘇天爵、元明善對文獻的搜集、整理，他如醫學、詩歌、宗教等諸多方面，可圈可點之處甚多。因篇幅所限，雖然很多沒有涉獵，但無疑提供了一定程度上的文化研究傾向。

　　自元代以來，直隸省部地區軍事方面拱衛京師、經濟方面保障京師的特色異常鮮明。時至今日，以北京市和天津市爲中心，囊括河北省的十一個地級市的京津冀區域，正在大力推進京津冀協同發展。針對這一發展戰略，對京津冀政治、經濟、文化的發展，乃至環境改善，元代直隸省部研究或可盡微薄借鑒之力。

二、概念界定

（一）元代直隸省部的概念

元代直隸省部的空間概念〔註27〕

　　元朝「分天下爲十一省，以山東西、河北之地爲腹裏，隸都省。」〔註28〕元朝的統治中心中書省管轄的範圍稱爲腹裏，包括現在河北省、山西省、山東省的全部，內蒙古、遼寧和河南的部分地區。腹裏地區的德寧路、淨州路、泰寧路、集寧路、應昌路、全寧路、寧昌路及砂井總管府七路一府均實行特

〔註27〕「直隸」亦即直接隸屬，在政治制度史上，主要分爲兩類：一爲直接隸屬中央的地方機構，如「唐清源節度使留從效遣使入貢，請置進奏院於京師，直隸中朝」（《資治通鑑》卷二百九十四《後周記五》）。一爲直接隸屬中央或行省等高一級機構的路、府、州等地方政府，如元代所謂府與州「直隸省者」（《元史》卷五八《地理志一》）。「元代諸州又有直隸省部（行省、宣慰司）之州和路、府屬州差別」（李治安師《行省制度研究》，南開大學出版社，2000年，第444～448頁）。本課題所研究的元代直隸省部，主要是與明、清直隸省乃至現在河北省有影響淵源的地區而言。元代「直隸省部」是一個變化較爲複雜的地域概念，考慮到元、明、清時期河北作爲「直隸」政區的延續性，此處基於其與元代河北區域範圍基本一致的原則考察。至於元代除中書省管轄範圍以外的其他行省、宣慰司等直隸省部之州，則不在本課題研究範圍之內。

〔註28〕《經世大典序錄・賦典總序・都邑》，蘇天爵：《元文類》卷四十，商務印書館，1936年，第516頁。另《元史・地理志》「中書省統山東西、河北之地，謂之腹裏。」

殊事權，「以上路府縣都是漠南各投下的分地，元朝政府只不過將這些地方按全國統一的制度改成相應的行政建置，而內部仍由領主自治，所以僅列其名。」〔註 29〕因這些地方不在元朝政府的直接管理之下，故不在本書考察之內。一定程度上，中書省直轄的山東東西道、河東山西道宣慰司，在元代詔令中可視爲與行省併提的一級行政機構〔註 30〕。對於腹裏的山西地區，瞿大風加以界定，「腹裏地區河東山西道宣慰使司的所轄地域，大致相當於今山西省及內蒙古與河北省的小部分地區。」〔註 31〕關於腹裏的山東地區，張照東、馬章安對元代的山東區劃有過初步勾勒。〔註 32〕默書民對山東東西道轄區有獨到的分析。〔註 33〕

現代地方史學者多從目前轄境研究元代河北歷史，葉堅楠認爲：「中書省轄河北地區的：大都路（今北京），永平路（駐所盧龍，今盧龍），興和路（駐所高原，今張北），保定路（駐所清苑，今保定市），眞定路（今正定），河間路（今河間），順德路（今邢臺市），廣平路（駐所永年，今永年東南），大名路（駐所元城，今大名南）。」〔註 34〕《河北通史》編寫組認爲：「（元代）河北設有大都、上都、興和、永平、保定、眞定、河間、順德、廣平、大名等 10 路，置 2 府 28 州 123 縣。」〔註 35〕考慮到元代河北的實際情況和本書主旨及研究視野，筆者對元代河北地區的概念界定在這一基礎上擴延，增加彰德、衛輝、懷孟三路。這一界定恰與一定時期內元代直隸省部統轄範圍一致，元代文獻《方輿勝紀》所載「腹裏州郡」直隸省部包含以下路分：「上都路、大都路、保定路、眞定路、河間路、大名路、彰德路、隆興路（應昌府）、順德路、衛輝路、懷孟路、廣平路（磁州、威州、冠州、恩州）、平灤路。」〔註 36〕再加上，直隸作爲河北省級建制名稱，肇始自元代，歷經明、清兩代，至

〔註 29〕 周清澍：《汪古部的領地及其統治制度——汪古部事輯之五》，氏著《元蒙史箚》，內蒙古大學出版社，2001 年，第 158 頁。

〔註 30〕 陳高華、史衛民：《中國政治制度通史·元代卷》，人民出版社，1996 年，第 120 頁。

〔註 31〕 瞿大風：《元朝統治下的山西地區》，南開大學博士論文，2003 年，第 9 頁。

〔註 32〕 張照東、馬章安：《宋金元時期山東行政區劃的變遷——古代山東政區地理研究之一例》，《聊城師範學院學報》1993 年第 2 期。

〔註 33〕 默書民：《元代山東東西道轄區考析》，《中國史研究》2007 年第 3 期。

〔註 34〕 葉堅楠：《河北歷代政區（文化）沿革》，《河北學刊》1982 年第 3 期。

〔註 35〕 夏子正、孫繼民：《河北通史·總序》，河北人民出版社，2000 年，第 4 頁。

〔註 36〕 《新編事文類要啓札青錢》外集《方輿勝紀》（上）「書指序略·腹裏州郡·直隸省部」，續修《文淵閣四庫全書》本。

1928 年改稱河北省，其連續性比較明顯。

　　由此，元代直隸省部的空間範圍爲：南橫黃河與河南行省相望，西憑太行與河東山西宣慰司爲界，北與嶺北行省相連，東北和遼陽行省相接，東南與山東宣慰司比鄰。與今天河北省轄境相比，元代直隸省部的空間範圍明顯較大，大體包括今天河北省全部，河南省北部及內蒙古自治區南部部分地區。

研究時間範圍界定

　　立足上述研究空間的基本定位，時間範圍的上限，筆者確定爲 1211 年。因爲這一年開啓了蒙古軍隊進攻該地區的序幕，從此，這一地區逐步進入到蒙古政權的統治視野，並一直延續到 1368 年其在全國統治權的喪失。如此，本書所確定的元代直隸省部地區的時間範圍界定爲：1211 年～1368 年。

（二）元代直隸省部地區士人界定

　　基於上述元代直隸省部空間概念和時間範圍的界定，考慮到人物研究的特殊性，本書所界定的士人大體上以該空間和時間範圍內的本土士人爲主，輔以在本土活動比較頻繁的士人。前者如許衡、劉秉忠、李冶、王結、靳德茂等，後者有元好問、張德輝等。從研究的內容上來說，對於本土士人比較側重，既著重於他們在本土的活動，又關注到他們的整體作爲；對於外籍士人重點梳理他們在本地的活動，或者爲了研究的需要從比較的角度對其相關部分加以剖析。

三、學術史回顧

（一）研究狀況綜述

　　迄今爲止，「直隸省部」是筆者首次提煉出的概念，學界向來未曾使用。由前述概念界定所知，元代直隸省部的區域主體是河北，學界也多是從元代河北及其相當的角度進行研究。這一地區由於具有南北貫通的地理位置和廣袤平原的自然資源，既是政治統治、軍事征服的主要幹線，又是經濟發展、人文薈萃的重要區域，故而在元代歷史上具有重要的地位。現就筆者所見這一區域的主要研究成果加以述評〔註37〕。

　　早在元代就有人致力於這一地區資料的考證和搜集。至正二十三年

─────────────────────

〔註37〕　此處的文獻述評主要是就元代河北地區研究而言。因元代河北地區版圖較大，涉及內容龐雜，文中涉及到的其他各具體層面研究成果，放在相應章節。

（1363），乃賢的《河朔訪古記》就是這方面的代表，「肆志遠遊，……歷鄭、衛、趙、魏、中山之郊，而北達於幽燕。於是大河南北古今帝王之都邑，足跡幾遍，凡河山、城郭、宮室、塔廟、陵墓、殘碣、斷碑、故基、遺跡，所至必低回訪問，或按諸圖牒，或訊諸父老，考其盛衰興廢之故，而見之於記載，至於撫時觸物悲喜感慨之意，則一皆形至於詠歌。既乃哀其所記載及詠歌之什，以成此書。」〔註38〕元人熊夢祥的《析津志》〔註39〕是較早記述北京地區的專門志書，書中對元大都的城池、坊巷、官署、廟宇、人物、風俗、學校等有較細緻的記載，是研究元大都不可多得的資料。明代河北各個地方志的編纂搜集，填補了許多正史中沒有記載的地方政治、經濟、文化、社會、人物等方面的文獻，諸如《保定郡志》《大名府志》《廣平府志》《順德府志》《彰德府志》《易州志》，等等。不過，總體而言，這一地區在元明時代沒有形成綜合性的省志，「顧元、明無書間，紀都城或宮闕，寥寥數紙，不足以當宏著之目」〔註40〕。康熙二十二年（1683）于成龍主修46卷本《畿輔通志》得以刊印，該書以恢宏的氣勢對該地區的建置沿革、文化積澱、歷史地位、政治作用、山川形勝、物產習俗和傑出人物等各方面情況作了概括：

> 我神京凡八郡，古幽薊域也。於周時為燕，為晉，為鮮虞、無終諸國。秦置州縣，曰鉅鹿，曰漁陽、上谷，漢魏約略因之。唐屬河北道，宋復分河北為東、西二路。蓋歷數千百年來，所稱天府之區也。故軒轅都涿鹿，顓頊都高陽，河亶甲都相，祖乙都耿；暨遼、金、元、明，皆建邦茲土，而我國家亦以定鼎焉。豈非形勢之勝，足控中外也哉！嘗讀《禹貢》：「五百里甸服，五百里侯服，五百里綏服，五百里要服，五百里荒服」。知王者同文、同軌，訖乎東西朔南，初無分於疆理，而必以京師為首善者，亦居重馭輕之意，其勢則然矣。

> 今三輔之間，分野疆於箕尾。於山，則太行之峻；於水，則渾河之險；於野，則廣川、大陸之雄；於隍堡，則盧龍、雕鶚之隘；於關塞，則居庸扼其前，獨石阻其背；於陸澤之所產，則黍菽之殖，

〔註38〕（明）王褘：《王文忠公集》卷二《河朔訪古記・序》，《北京圖書館古籍珍本叢刊》本。

〔註39〕（元）熊夢祥：《析津志輯佚》，北京古籍出版社，1983年。

〔註40〕于學忠：《重印畿輔通志・序》，（光緒十年）《畿輔通志》重印本，商務印書館，1934年。

魚鹽之利；於土風，則猶有擊筑賣漿、慷慨悲歌之習。覽其山川，
訪諸父老，相與憑弔。當年如孤竹之清，瀹臺之介，荊高之俠，廉
藺之功，而汲長孺、雋不疑、京房、鮑宣之屬，皆有直聲於漢。其
在晉也，劉琨、祖逖以賢豪特聞。至魏徵、宋璟、曹彬、趙普、呂
端者，亦唐宋間名將相也。其他畸人軼事，散見於諸說，不可勝紀。
以地若彼，以人若此，而可弗志哉！

雍正十三年（1735），清政府對這本志書加以續修，是爲唐執玉主修的 120 卷
本《畿輔通志》。因感於前修兩部《畿輔通志》「一失之略，一失之陋」，同治、
光緒年間，直隸總督李鴻章再次下令修志，十載而成，此謂（光緒）《畿輔通
志》。儘管清代所謂直隸版圖弱於元代河北地區，但集大成者性質《畿輔通志》
的編纂，爲我們進行河北地區研究提供了較大的便利。

　　當然，這些志書類成果與其說是專門研究的結晶，倒不如說是資料的編
纂和整理。故而，很大程度上，還需要按照現代研究方法、研究趨向，有效
地審視這些成果。按照現代方法對河北地區加以研究，應該說是建國以來的
事情，尤其是八十年代以來至今學人的成就。下面主要從這個意義上對關於
這一地區的主要研究成果簡要述評。

1. 政治和軍事問題研究

　　蒙元初期，河北的行政建制隨著蒙古對中原地區統治的不斷強化、熟悉
程度的加深而表現爲逐步完善化。在這一過程中，由於這一地區地理位置、
人口狀況、投下分封等因素，河北成爲最有特色和最爲混亂的行政建制單位。
這一狀況成爲元代政治制度研究中一個熱點課題。張金銑《元代地方行政制
度研究》（安徽大學出版社 2001 年）、趙文坦《蒙古國漢人世侯轄區社會經濟
考察》（《蒙古史研究》第六輯）、趙琦《大蒙古國時期十路徵收課稅所考》（《蒙
古史研究》第六輯）等都對此問題有所涉及。李治安師對該問題的研究最爲
系統、深入，《元代分封制度研究》（中華書局 2007 年）中專門探討了五戶絲
食邑分封，在對宗王、后妃、貴戚駙馬、功臣等食邑分封的基礎上，分析了
忽必烈時代對中原投下封地行政建制的調整和變動；《元中書省直轄「腹裏」
政區考略》（《元史論叢》第十輯）對大都、上都、興和、保定、河間、永平、
眞定、順德、廣平、彰德、大名、懷慶、衛輝等直隸省部地區諸路沿革情況
做了細緻而深刻的考述，覆蓋了河北所有路、府、州、縣等行政建制，並且
在分析元代「腹裏」指代內涵的基礎上，概括了元代「腹裏」政區變遷的若

干特徵：三級和四級的體制層次，「畫境之制」和「合併州縣及投下食邑置路州」引起的兩次政區變動，投下領地路府和「飛地」的保留。自 1210 年蒙古南下拘地中原到 1270 年忽必烈政權穩定，華北地方行政建置變動極爲頻繁，溫海清《畫境中州 金元之際華北行政建置考》（上海古籍出版社 2012 年）對《元史》卷五十八《地理志一》所涉及的腹裏地區內各級地方行政建置逐一清理和考釋的基礎上，對該地區路、府、州、縣行政建置與行政區劃的歷史變遷進行較爲詳細的考釋和分析。

　　蒙古初入中原之際，很大程度上依靠漢人世侯的力量。這一問題早就引起了學者的注意，到何之的《關於金末元初漢人地主武裝問題》（《內蒙古大學學報》1978 年第 1 期）對河朔地區漢人武裝產生的政治背景、具體情況等作了較爲細緻地分析。趙文坦的《金元之際漢人世侯的興起與政治動向》（《南開學報》2000 年第 6 期）通過對漢人世侯興起的歷史背景和家庭背景的分析，較爲客觀的評價了他們起家的初始動機和政治動向。順天張柔所統轄的軍隊是漢人世侯中至爲關鍵的一支，趙文坦撰寫了《大蒙古國時期的順天張氏》（《元史論叢》第十輯）對此進行了系統的研究，揭示了這一集團在河北的戰略地位。以史天澤爲首的史氏家族是河北最大的漢人世侯家族，學界專門論述的文章是聶樹鋒、王秀瓏《史氏家族在眞定──金元之際的漢人世侯剖析》（《石家莊師範專科學校學報》2000 年第 3 期）。金元之際河北重要軍事人物武仙，儘管《金史》有傳，然而由於其反覆的行動，很少受到學者的注意，孫克寬以《金將武仙本末考》（《元代漢文化之活動》，臺灣中華書局 1969 年）爲題對其生平加以考察。同一著作對河北的三大軍事家族永清史氏、順天張柔、藁城董氏也作了論述。

　　學界還就元代河北地區軍事人物和基本事件做了許多考證工作。河北史氏家族是元代最大的漢人軍事集團，史天澤政治地位在元代漢人中無出右者。史氏家族在河北歷經元明清而不衰，現在發現的史氏家譜有力地證明了史氏家族發展的脈絡。孟繁峰的《談新發現的史氏殘譜及史氏元代墓群》（《文物春秋》1999 年第 1 期）深入分析家譜的淵源並作了初步研究，文末附錄殘譜的原文。河北省文物研究所對史氏家族墓群進行發掘（《石家莊市後太保元代史氏墓群發掘簡報》，《文物》1996 年第 9 期）。元初史氏家族是河北最大的軍事世侯家族，而崔氏是與其關係密切的聯姻家族。張國旺以《文物春秋》上刊布的《……氏世德銘並序》的碑文爲主，結合相關文獻記載，對崔氏三

代人物崔祥、崔德彰、崔顯的事蹟加以考證，並在此基礎上闡述了崔、史兩家的密切關係（《蒙元眞定崔氏碑傳資料雜考》，《元史論叢》第十輯）。沈海波根據《文物》雜誌所載《河北易縣發現元代張弘範墓誌》中公佈的誌文與《元史·張弘範傳》進行比較，主要就其主政大名和進攻南宋的兩件大事，發現了本傳記載的多處錯誤，爲研究張弘範的動向提供了新的參考（《河北易縣元代張弘範墓誌跋》，《文物春秋》1991 年第 4 期）。

2. 經濟發展和人口問題

孟繁清領銜編寫了《河北經濟史》（第二卷）（人民出版社 2003 年）第三章「蒙元時期」，在概括蒙元統治者對河北政治經營的基礎上，分析了元代河北戶口、民族和諸色戶計的基本狀況，進而探討了農業發展和元政府的重農措施、天災和賑災、手工業、商業、城市興建、交通運輸諸經濟形態運行情況。元代河北的紡織業在全國居於重要地位，楊印民《元代環渤海地區的毛、麻、棉織業》（《內蒙古社會科學》2006 年第 3 期）對紡織業中的毛織業、麻織業、棉織業分別加以研究，指出：毛織業的興盛主要是入主中原的蒙元貴族草原游牧民族特色在中原漢地的繼續，麻織業是廣大下層民眾不可或缺的家庭副業，棉織業以其經濟實用的優越性對古老的絲、麻、毛織業產生了巨大衝擊並後來居上。郭聲波的《元代順德等處冶鐵提舉司諸冶考》（《中國歷史地理論叢》1987 年第 1 期）對元代順德、廣平等提舉司所轄的左村和豐陽兩處冶鐵地點地進行考證。劉建華在《淺議元代凡山鎮彌勒禪寺買地券》（《文物春秋》1995 年第 3 期）中對現存於涿鹿縣文化館的元代買地券作簡要分析。

上述之外，經濟史方面單獨以河北爲地理區域而加以研究的不多，大多是就腹裏地區爲單位展開研究的，這些成果中都涉及到河北。默書民《元代前期腹裏地區的土地開發與田產爭訟》（《河北師範大學學報》2003 年第 4 期）從元代前期該地區農業土地的開發利用以及元世祖中後期出現的土地價格暴漲、田訟劇增等現象，側面說明腹裏地區的農業經濟的恢復程度和發展水平。楊印民《元代腹裏地區酒業初探》（《河北師範大學學報》2004 年第 3 期）探討了眞定路、河間路的製酒業。吳宏岐的《元代北方漢地農牧經濟的地域特徵》（《中國歷史地理論叢》1989 年第 3 期）闢有專門部分探討腹裏地區的農業和畜牧業，並涉及到這裡的人口流動和水利建設情況。王培華的災荒史系列研究基本上都涉及到河北，《元代北方桑樹災害及國家對策》（《殷都學刊》2000 年第 1 期）中大名、彰德、順德、眞定等路的減稅救災措施，《元代北方

雹災的時空特點及國家減災救災措施》（《中國歷史地理論叢》1999 年第 2 期）
對玉田、永平、平棘、肥鄉等雹災情況的描述。這方面的成果彙集爲專著《元
代北方災荒與救濟》（北京師範大學出版社 2010 年），該書概括了元代各種災
傷的申檢體覆制度，對元代北方水、旱等災荒的受災年次、受災路府州縣數
量加以統計，分析了災荒程度、國家救災措施，進而探求各種災荒發生規律。
同氏《元明北京建都與糧食供應——略論元明人們的認識和實踐》（文津出版
社 2005 年）和《元明清華北西北水利三論》（商務印書館 2009 年）則對元代
大都乃至河北地區的地理情況、漕運及水利等自然條件及其與政治、經濟的
關係等做了深入研究。

　　盧世榮作爲河北重要的經濟人物，由於其歷史上的反面形象，學界涉足
很少。李幹、周祉正撰寫了《元代理財家——盧世榮》（《內蒙古社會科學》
1985 年第 5 期），歸納盧世榮改革幣制、國營專賣、平抑物價等改革措施並分
析了其對權豪勢要政策上的打擊和由此而造成元世祖「犧牲品」的事實。侯
厚吉的《元代盧世榮的鈔法改革思想評介》（《河南師範大學學報》1996 年第
6 期）以理財家、改革家的定位，從收天下之利以實鈔法、設立平準周急庫、
平抑物價穩定貨幣、錢鈔並行等角度，對盧世榮進行了較高的評價。

　　經濟發展往往受人口因素制約，對於人口問題的研究也是元代河北地區
研究的一個領域。高樹林的《元朝時期的河北人口初探》（《河北大學學報》
1984 年第 1 期）在分析元代河北人口發展特殊性的基礎上，論述了元朝河北
人口狀況。默書民的《關於元代腹裏地區的人口問題》（《河北師範大學學報》
2000 年第 3 期）通過對元朝前後兩個時期的人口數量推測，認爲「該地區的
經濟在金元之際雖受到重創，但在元世祖繼位後，得到迅速恢復，到中期得
到發展，雖經元末戰亂，農業經濟並未崩潰。」趙書新的《元代腹裏地區的
民族分佈概況》（《蘭州學刊》2006 年第 5 期）從民族角度分析了元代蒙古人、
色目人、女眞人、契丹人在中原地區的分佈情況，指出這些民族經過與漢族
長時期的雜居共處，在政治、經濟、文化等方面進行了廣泛的交流並逐漸融
合，成爲元代全國性民族大融合中的一個重要環節。

3. 士人及文化研究

（1）士人群體性和個案研究

　　趙琦的《金元之際的儒士與漢文化》（人民出版社 2004 年）是專門研究
金末元初（1211～1271）士人問題的著作。對相關問題的資料利用之廣和考證

之詳爲其他著作所罕見，分蒙金戰爭對中原文化的摧殘和儒士的處境、大蒙古國諸汗朝臣對儒士的態度和舉措、中原各級機構中的儒士、世侯對儒士的收容和任用、蒙古諸王與儒士、儒士與教育、傳統文化的延續和發展、忽必烈接受漢法及對漢文化和儒士的重視等八章，幾乎全方位、系統的對該時期儒士問題進行考察。同氏的《大蒙古國時期的河北世侯與士人》（《元史論叢》第九輯）通過分析河北眞定史氏、保州張柔與儒士的關係，說明當時以儒士爲代表的漢文化的遭際問題。晏選軍的《金元之際的漢人世侯與文人》（《中南大學學報》2007 年第 1 期）也探討類似問題。都興智、田志光的《論金末元初知識分子的境遇及其歷史作用》（《河北大學學報》2007 年第 4 期）概括了金末元初知識分子的三個特點，分析了抗蒙活動中的作用、入元後四類人物的境遇和在元朝新政權建設中的作用，總結了保存文化典籍、發展教育、天文曆法和傳播儒家文化四方面的文化貢獻。

　　元初士人積極參與軍事事務。忽必烈征服大理、攻宋和阿里不哥爭奪帝位等幾場戰爭中，郝經、趙良弼、劉秉忠、張文謙等潛邸儒士在軍事上表現出非凡的才能，淮建利通過分析，認爲這些儒士們的軍事才幹在贏得戰爭的勝利乃至實現全國統一的過程中起到了重要作用，指出對軍事上價值的認可乃是忽必烈擢用儒士的重要原因之一（《元初北方儒士歷史價值新論：從儒士在元初征戰中的作用談起》，《江漢論壇》2006 年第 2 期）。

　　忽必烈潛邸時期開始逐漸重用中原士人，舒正方的《在潛開邸 思大有爲於天下》（《內蒙古社會科學》1991 年第 6 期）介紹了劉秉忠、張文謙、張德輝等河北士人進入潛邸的途徑。蕭啓慶的《忽必烈潛邸舊侶考》（《元代史新探》新文豐出版公司 1983 年，第 263～302 頁。）對忽必烈幕府的士人集團做出獨到的分類，其中的邢臺集團、正統儒學集團和金源遺士集團等都以河北士人爲主，該文還分析了邢臺集團所推動的「邢州大治」。李治安師《忽必烈傳》（人民出版社 2004 年）的金蓮川開府部分對幕府人群另行分類，其中邢州術數家群完全以邢州爲中心的人物群體，其他理學家群、金源文學群、經邦理財群、王府宿衛群也都涉及到河北士人群體。

　　元曲作爲主要文學體裁在文學史上獨樹一幟，元雜劇發展路徑中河北的作家群體是其主流。黃宗健對眞定地區的作家群體加以歸納，並分析了這一群體出現與史天澤的地方統治政策之間的明顯關係（《元雜劇在眞定的崛起與

史天澤》，《河北學刊》1991 年第 6 期）。田同旭的《論元雜劇四大活動中心的形成與金元漢人世侯之關係》（《南京師範大學文學院學報》2003 年第 3 期）也對這一問題加以研究。

除了上述河北士人群體研究之外，士人的個案研究也取得可喜成果。

劉秉忠是元朝漢人中位居「太保」之職的最尊官僚，早就引起學界重視，袁冀的《劉秉忠行事編年》（《宋遼金元史研究論集》，大陸雜誌史學叢書第二輯第三冊，224～230 頁）和《劉秉忠論略》（《宋遼金元史研究論集》，大陸雜誌史學叢書第三輯第三冊，第 355～364 頁）、白鋼的《建一代成憲的太保劉秉忠》（《文史知識》1985 年第 3 期）分別對其加以研究。袁冀還撰寫了《元太保藏春散人劉秉忠評述》（臺灣商務印書館 1974 年），是爲上世紀研究劉秉忠最厚重的成果。近年來隨著社會、文化研究的深入，劉秉忠研究呈現新的特色。孟繁清《政治家劉秉忠》《從藏春詩看劉秉忠其人》（孟繁清等著《金元時期的燕趙文化人》之十、十一）。前篇文章主要通過儒道釋身份、藩府之行與萬言書、王文統事件、功名利祿觀等幾個方面論述。後篇論文作者獨闢蹊徑，以劉秉忠的留存詩作爲研究載體，分自然情、故鄉情、友誼情、政治抱負、人生情趣和書法才藝等幾個方面展現劉秉忠的人格魅力。立足於劉秉忠的比較史學研究更是方法創新的體現。陳得芝以溝通蒙漢制度文化爲媒質，從耶律楚材與窩闊台、劉秉忠與忽必烈、李孟與元仁宗三個遞進的層次探討了元朝制度的文化演變道路（《耶律楚材、劉秉忠、李孟合論——蒙元制度轉變關頭的三位政治家》，《元史論叢》第九輯）。王頲以獨特的視角對具有相同履歷、學術背景、品性取向的劉秉忠和明人姚廣孝加以對比，結合姚本人自我比照及其明代士人對二者的相互模擬，分析其形成的社會背景（《異世同符——明士人以姚廣孝、劉秉忠作比發微》，《古代文化史論集》上海古籍出版社 2007 年）。劉秉忠的詩詞曲奠定了他在文學上的地位。這方面研究以查洪德爲主：《劉秉忠文獻留存情況之考察》（《文獻》2005 年第 4 期）對劉秉忠的《藏春集》版本淵源闡述的基礎上，介紹了《永樂大典》輯佚的散見詩歌；《劉秉忠文學成就綜論》（《文學遺產》2006 年第 4 期）分析了劉秉忠主要文學成就詩、詞、曲，指出「在元好問、耶律楚材之後，郝經、姚燧、盧摯、劉因之前，因爲有劉秉忠的創作，北方文壇便不寂寥」。范玉琪《元初名臣劉秉忠書丹〈國朝重修鵲山神應王廟之碑〉考釋》（《文物春秋》1994 年第 4 期）以現存於河北省內丘縣的碑刻實物爲依據探討了劉秉忠的書法藝術。葛仁考

《元朝重臣劉秉忠研究》（人民出版社 2014 年）在考訂大量史實的基礎上，對劉秉忠的生平、政治成就、儒釋道思想、教育、著述等做了全方位的研究。

邢州術數家群體主要成員張易是忽必烈身邊位居要職的漢人幕僚，然而由於牽涉阿合馬事件被誅，《元史》無傳。唐長孺、袁冀據有關史料對其補充傳記（《補元史張易傳》，《山居存稿》中華書局 1989 年；《試擬元史張易傳略》，《大陸雜誌》第二十五卷第七期）。白鋼在《論元代傑出政治家張易》（《晉陽學刊》1988 年第 8 期）一文中認爲張易就是張啓元（唐長孺也持此觀點），並對張易的籍貫和姓名字號、生年及進入潛邸時間、政績與學識、阿合馬事件中的表現等相關問題加以考察。蔡美彪對《史集》所記阿合馬案中的 gau 平章加以考證，認爲拉施特錯誤的把趙璧與張易混爲一人（《拉施特〈史集〉所記阿合馬案釋疑》，《歷史研究》1999 年第 3 期）。

許衡作爲元代北方最主要的理學家，對其研究比較充分，在成果的數量上也得到反映。徐子方《與道共進退——許衡及其心態》（《南通師範學院學報》2001 年）從隱居蘇門刻心學道、學以致用緣道出山、勢不可爲歸去來兮三個方面剖析許衡出處進退。受時代、學識和性格等原因影響，許衡的多次進退受到了稍後理學家劉因的批評，張帆以確定劉因的《退齋記》爲影射許衡爲突破口，從二者不同的出處進退對比中，對二人的心態做出較爲公允的評價（《〈退齋記〉與許衡劉因的出處進退——元代儒士境遇心態之一斑》，《歷史研究》2005 年第 3 期）。晏選軍的《元初北方理學的流衍與士人遭際——以許衡劉因比較研究爲代表》（《寧波大學學報》2004 年第 6 期）通過對兩者接受程朱理學的不同態度及其出處辭受經歷展開討論。2004 年 11 月河南省焦作市召開了「中國首屆許衡學術研討會」，這次會議主要就其基礎性研究、評價性研究、歷史比較和反傳統研究三個方面展開討論（李曉燕《中國首屆許衡學術研討會》，《中州學刊》2005 年第 1 期）。淮建利《慨然行道：許衡思想的特點及其歷史貢獻》在對許衡思想的特點分析的基礎上，探討了其三個方面的歷史貢獻。陳正夫的《許衡評傳》（南京大學出版社 2011 年）全面系統地闡述了其生平及哲學、政治、經濟、科學文化、教育等思想，並評價其歷史地位、社會影響。蔡春娟《許衡的教育實踐及其童蒙思想》（《「文獻、制度與史實：〈元典章〉與元代社會」國際學術研討會暨 2018 年中國元史研究會年會論文集》，第 26～35 頁）結合許衡執掌國子學期間的教法教規，論述了其童蒙教育思想。

蘇天爵是元代後期河北最重要士人，不僅歷任地方到中央的諸多官職，

而且撰寫和編纂了大量文稿，堪稱當時最重要的歷史學家。饒鑫賢、吳海航《蘇天爵——元代封建正統法律思想的傳播者和衛護者》（《社會科學戰線》1998 年第 3 期）對蘇天爵的「天下之公」「歷代之典」的法律觀和「禮樂教化」與「法治」並行的禮治思想、德治觀加以論證，並指出其理論觀和政治觀的並行不悖。蕭啓慶的《蘇天爵和他的元朝名臣事略》（《元代史新探》，新文豐出版公司 1983 年，第 323～332 頁）從其生平、名臣事略的內容和價值、名臣事略與元史列傳的關係三個方面作了分析。孫克寬的《元儒蘇天爵學行述評》（《元代漢文化之活動》）對其家世、著作與學術等進行研究。陳高華和孟繁清是對蘇天爵研究最爲充分的學者，《蘇天爵和〈滋溪文稿〉》《蘇天爵年譜》（《金元時期的燕趙文化人》之十三、十四），前者側重於蘇天爵教育、入仕、學術積累以及《滋溪文稿》的大略形成及流傳情況，後者主要對蘇天爵生平事實以年譜形式進行梳理。孟繁清還撰寫了《蘇天爵墓址考》（《中國史研究》2009 年第一期）。向珊《元末黨爭中的蘇天爵——從朵爾值班的兩件奏疏說起》（《「文獻、制度與史實：〈元典章〉與元代社會」國際學術研討會暨 2018 年中國元史研究會年會論文集》，第 229～230 頁）分析了至正時期黨爭鬥爭中，蘇天爵與政治盟友朵兒只、朵爾值班叔侄的七個方面聯繫。

眞定優越的地理文化氛圍吸引了大批外來人口定居，高詩敏的《定居眞定的阿拉伯人贍思》（《河北學刊》1984 年第 4 期）簡要介紹了贍思文化和生平狀況。奎章閣是元代重要的文化機構，王力春《元代奎章閣鑒書博士杜秉彝考》（《社會科學輯刊》2004 年第 3 期）對元代安陽儒士杜瑛後代杜秉彝任職奎章閣的情況加以考證。元朝士人中同名姓的很多，由此造成了一定的混亂，王頲通過對元代中後期的兩個王沂的生活時間和行動空間的考察，解釋他們不同的生平事蹟、詩文著作，指出四庫閣臣弄錯的若干篇章（《誤緝青原——元中後期二王沂及所著詩文的鑒別》，《古代文化史論集》）。

（2）士人和科學、文化教育研究

自征服時代伊始，元朝就比較注重對醫士的搜集和任用。這方面以河北最爲突出，許多河北名醫在蒙元政府中頗受重視。高偉《元朝君主對醫家的網羅及其影響》（《蘭州大學學報》1999 年第 4 期）羅列了鄭景賢、顏天翼、竇默、竇行沖、劉執中等河北的醫士，並指出眞定和河間是當時的醫學中心。鄭師眞（又名鄭景賢）是最早追隨蒙古統治者的邢州籍醫官，劉曉的《鄭景

賢的名字與籍貫》（《中國史研究》2001 年第 3 期）和《太醫鄭師真》（《金元時期的燕趙文化人》之七）對其生平事蹟及其與耶律楚材的關係加以考述。前述范玉琪的《元初名臣劉秉忠書丹〈國朝重修鵲山神應王廟之碑〉考釋》對蒙哥御醫顏天翼的出世和致仕情況加以初步研究。竇默是忽必烈時代頗受重視的理學名臣，但他又以醫學成名，韓永格、劉秋果的《竇默》（《檔案天地》1999 年第 1 期）概要介紹了竇默的從政、教育、醫學基本情況。王書明的《竇默和他的神道碑》（《文物春秋》1995 年第 3 期）對其神道碑進行了說明。陳高華撰寫了《論竇默》（《中國史研究》1995 年第 2 期）和《醫學家兼理學名臣竇默》（《金元時期的燕趙文化人》之八）。前者側重對竇默的系統研究；後者按照竇默的生平情況，分滅金過程中少年流浪、隱居肥鄉和蘇門交友、忽必烈的潛邸謀士和參政重臣、醫學傳人及名著等四個部分。同氏的《羅天益和〈衛生寶鑒〉》（《金元時期的燕趙文化人》之九）對與竇默同時代且均為御醫的真定羅天益的生平經歷進行考證，並就其著作中的有關記載論證了元朝有關史實。李會敏等從中醫學的角度對所謂竇默的《玉龍歌》《磐石金直刺秘傳》《竇太師秘傳》三部著作進行考證（《竇默相關著作內容與版本考》，《河北中醫》2002 年第 6 期）。

　　河北元初數學成就的突出表現是形成以李冶、王恂、郭守敬、李謙為代表的數學家群體，這一群體的形成與當時的人文社會環境有關（佟建華《宋元數學人才群體之探索》，《自然科學史研究》1997 年第 3 期）。陳美東對郭守敬的科技思想進行系統的研究（《郭守敬評傳》，南京大學出版社 2003 年）。

　　封龍山、紫金山、蘇門山分佈在由北到南綿延的太行山地區，在金元之際的紛亂歲月中，這裡無疑是理想的讀書場所。它們作為元初早期的文化教育中心孕育了三大文化集團，學者們從不同角度對此問題加以研究。吳秀華《「封龍三老」與真定元曲作家群》（《河北師範大學學報》2000 年第 4 期）分析了以「封龍三老」元好問、李冶、張德輝為主的封龍山書院，培養的白樸、李文蔚、侯正卿、史樟等真定「元曲作家群」中堅和與之關係密切的徐琰、魏初、王惲等外圍作家。趙平分《李冶和封龍山書院》（《保定師專學報》2001 年第 3 期）對李冶歸隱原因及封龍書院的情況也進行了研究。封龍山產生了「龍山三老」，蘇門山成就了理學家姚樞、許衡、竇默，魏崇武的《封龍蘇門二山學者與蒙元初期學術與政治》（《中國典籍與文化》2004 年第 2 期）對封龍山、蘇門山兩個文化群體做了比照研究，在地理位置和人物分析基礎上，

對兩山學者的學術旨趣和政治態度加以論證，最後指出他們後學在「文道合一」旨趣下的走向趨同。邱江寧《蘇門山文人群與元代的「通經顯文」創作取向》（《文學遺產》2018 年第 4 期）揭示出以姚樞、許衡等爲代表的蘇門山文人群對元朝的文化和政治的影響，進而指出這是元代文章「通經顯文」創作取向的由來之徑。郭守敬作爲元代最偉大的科學家，自八十年代以來一直受到學者們的注意。范玉琪的《郭守敬就學紫金山考》（《河北學刊》1987 年第 1 期）就紫金山的位置、郭守敬從劉秉忠學於紫金山的時間、劉秉忠和郭守敬在紫金山學習的原因等三個問題進行分析。趙文坦的《忽必烈早期與漢族士人關係考察》（《山東大學學報》1997 年第 4 期）也就忽必烈與邢臺集團的關係加以研究。邢州大治是忽必烈潛邸時期重要的政治作爲，邢州學派在其中扮演了重要角色，李治安師在《忽必烈傳》中以「邢州治績」爲題進行敘述，該書中還就劉秉忠改元建號、制定朝儀、營建兩都等成就有所涉及。

金元之際中原文化的傳承是一個頗受重視的研究領域。魏崇武《金元之際北方儒學的繼承和發展》（《語文學刊》1996 年第 2 期）從亡金士大夫致力於金代儒學的保存與繼承、趙復等理學家對理學的傳播兩個方面，探討其並行發展及交互影響的角度，歸納了這一時期河北等北方地區儒學發展的複雜面貌。耶律楚材是有戰略眼光的政治家，在蒙古族對中原王朝的征服過程中，盡其所能對傳統中原文化加以保護，余大鈞的《耶律楚材對中原文化恢復發展的貢獻》（《內蒙古大學學報》1979 年第 2 期）從文化教育、保護儒士、戊戌選試、建立國子學、設置經史編輯機構等方面作了研究。丁國祥《金元之際中原文化的危機與挽救》（《社科縱橫》1997 年第 6 期）從文化傳承的角度，以蒙古入侵對中原文化造成的巨大毀壞爲背景，分析耶律楚材、元好問、許衡、王惲等中州文士爭取當政者保護傳統文化的艱難歷程。元初理學的北傳出現了文化整合現象，周月亮《元初文化整合——以竇默、劉秉忠爲例》（《文史知識》2002 年第 8 期）以兩個人物個體分析文化的變遷。

4. 祭祀與宗教信仰研究

濟瀆是元代自然神的祭祀主體，（日）明治大學的櫻井智美《〈創建開平府祭告濟瀆記〉考釋》（《元史論叢》第十輯）對《創建開平府祭告濟瀆記》碑刻資料加以注釋，考證了立碑時間地點、碑文內容及其碑文中出現的人物。在此基礎上，作者結合其他史料對 1260 年前後的政治情況進行了分析，同時對正一教在元代的地位簡要做了考察。元代佛教的發展與蒙古貴族的倡導有

必然的聯繫，周清澍《忽必烈早年的活動和手跡》（《中國史研究》2005 年第
1 期）探討了易州《興國寺郎公長老開堂敕》石刻的時代背景，就碑主智朗及
其師父海雲與忽必烈的交往活動加以考察，指出忽必烈手跡的重要研究價
值。還提出可庵郎（即碑主智朗，也稱郎公）是劉秉忠的師傅，可以補史實
之缺。邢臺開元寺是元代邢州著名文化景觀，忽必烈曾於 1259 年大會諸王於
此，並且與劉秉忠、耶律楚材有一定淵源，是元初佛教文化的重要代表，范
玉琪的《邢臺開元寺》（《河北學刊》1986 年第 4 期）對此作初步研究。劉曉
《元「大開元」一宗初探》（《中國史研究》2008 年第 1 期）討論了金元時代
北方重要佛教派別——「大開元一宗」的發展情況，指出：「大開元一宗是由
萬安廣恩開創的以淨土信仰爲主、禪淨結合的佛教派別，是當時蒙古統治者
大力扶植的宗教團體之一。」同氏《萬松行秀新考——以〈萬松舍利塔銘〉
爲中心》（《中國史研究》2009 年第 1 期）以《萬松舍利塔銘》爲主，探討了
金元之際曹洞宗高僧萬松行秀生平。元代北方的鬼神崇拜表現的異常明顯，
王頲的《宋、元代神靈「崔府君」及其演化》（《社會科學》2007 年第 3 期）
對始於河北磁州的神靈「崔府君」的演化過程作了詳細的考證，認爲其具有
「人物多元性和信仰背景的複雜性」兩個特點。

5. 具體路級地方研究

　　隆興路由金元之際的撫州路沿革而來，其後經歷開寧路、興和路等名稱
的變化，這裡一度成爲元朝中都所在地。1997 年元史學界專門召開「元中都」
學術研討會，會議的成果多載於《文物春秋》（1998 年第 3 期）。其中，陳高
華《元中都的興廢》對元武宗建設元中都的背景、迫切程度和元仁宗對中都
的廢棄做了系統考察。周良霄《三朝夏宮雜考》從遼、金、元三個王朝在撫
州地區建立駐夏營地的角度，論證了這三個王朝對其地的經營。葉新民、寶
音德力根等《元代興和路與中都》從興和路的行政沿革及其與元中都的關係、
元朝在此設置的機構等角度作了論述。孟繁清《漫議元中都的興衰》對元中
都存在時間短促、對上都的支持、邊城效應、民族融合、文化價值進行探討。
韓志遠《略論金撫州地區在蒙金戰爭期間的戰略地位及元武宗在撫州建立中
都的軍事原因》側重從撫州的戰略地位論述。史衛民《元代都城制度的研究
與中都地區的歷史地位》結合元中都的都城建設格局從元中都在元朝都城的
地位給與說明。

　　順德路的前身爲金元之際的邢州。忽必烈試治漢地的第一站爲邢州。蕭

啓慶的《忽必烈潛邸舊侶考》、陳得芝的《耶律楚材、劉秉忠、李孟合論——蒙元制度轉變關頭的三位政治家》(《元史論叢》第九輯)、周清澍的《忽必烈潛藩新政的成效及其歷史意義》(《內陸亞洲歷史文化研究——韓儒林先生紀念文集》《HISTORICAL AND CULTURAL STUDIES OF INNER ASIA》，南京大學出版社1996年) 從不同的角度作了研究。韓儒林《蒙古答剌罕考增補》對邢州兩個答剌罕加以考證。

懷孟路是元代政治史上一個重要地區，這裡曾是忽必烈的早期封地，又是元仁宗愛育黎拔力八達流放之地。索全星、王小軍《一方有關王榮起義的元代墓銘》(《中原文物》1996年第1期) 根據修武縣出土的趙顯墓碑，探討了王榮起義的相關情況，一定程度上可以填補蒙古政權對這一地區早期統治的情況。張金銑的《懷州元帥王榮史事考略》(《西北民族研究》2001年第2期) 考述了金元之際懷州世侯王榮的主要活動並分析了當時世侯與蒙古貴族之間的矛盾和鬥爭。索全星對發現於焦作市新李封村的許衎 (許衡之弟) 及其子許師義的兩通墓誌結合相關資料對許氏家族有關史實進行考證 (《許衎、許師義墓誌跋》，《華夏考古》1995年第4期；《焦作市出土的二合元代墓誌略考》，《文物》1996年第3期)。郭建設等依據陸續發現的許衡神道碑碎塊並結合相關文獻對其生平情況進行了考證 (《許衡神道碑述考》，《中原文物》2006年第4期)。前述《創建開平府祭告濟瀆記》為我們瞭解忽必烈對懷孟地區的關注提供了有益的思考。張新斌的《濟水與河濟文明》(河南人民出版社2007年) 是對濟水研究的集大成者。

(二) 研究不足之處及薄弱環節

總而言之，幾十年來學界關於元代直隸省部地區，尤其是孟繁清教授有關經濟史和文士，朱建路《石刻文獻與元代河北地區研究》(南開大學2017年博士論文)，等等，成績斐然，既有整體論述專著，又有個案研究論文。當然，相對於其在元代的特殊性而言，這方面的研究還存在一定的不足之處和薄弱環節：

首先，學界多從不同區域概念角度對這一地區加以研究，時人常以中州、中原、河朔為指代，今人多從腹裏地區、環渤海地區或者現在河北政區來考察，缺乏歷史意義上的元代河北區域或者「畿輔」意義上的「直隸省部」地區層面探討。

其次，缺乏整體意義上的直隸省部地區研究，儘管在政治軍事、經濟、

文化、士人等方面有許多令人滿意的成果問世，但是作爲一個整體，「元代直隸省部地區研究」還沒有形成一個獨立的、系統的研究範疇，綜合性、立體性顯得不夠。許多學者只是就其各自的研究領域涉及到這一課題，在字裏行間提出一些判斷和見解，這些見解要麼需要修正，要麼應該系統。

再次，專門性研究不夠。對該地區的專門研究主要是經濟和某些人物。對於元代直隸省部地區的直轄性質沒有從歷史角度加以論證。燕南河北道等監察機構及監察制度沒有引起關注。對該地區的文化傾向也缺乏相應的系統考察。至於以直隸省部具體路分爲研究對象的成果，則相對爲少。

最後，研究範圍和深度存在一定問題，研究時間範圍多集中於金元之際，而對於元朝後期的重要人物安熙、王結等幾乎無人涉及。對新發現的材料，如《靳德茂墓誌》等，均未加以利用。

四、研究方法

在歷史學細化研究的今天，選擇某個區域作爲研究對象的綜合型區域史受到了學界的關注。關於區域史研究的方法論問題，李治安師有著精闢論述：

> 進行總體的、綜合的區域史研究，要選定某個區域爲研究對象，應改變斷代史、專門史研究只關注某一領域、某一專題的學術慣性，大膽引入法國年鑒學派的理論方法。要著力對該地區的地理環境、社會結構、社會經濟爲基礎的「長時段」及「中時段」的考察，開展社會、經濟、政治、文化等多領域、多層面的研究，把該區域「短時段」的偶然事件視爲「長時段」、「中時段」的發展結果和集中表現。總之，就是要以「長時段」、「中時段」及「短時段」爲經，以區域地理範圍爲緯，去構建總體的、綜合的區域史研究。當然，我們在具體研究中並不需要死板地套用「長時段」、「中時段」及「短時段」的理論術語，關鍵是吸收立體史、綜合史的精髓，使我們的區域史研究向綜合性、總體性發展。〔註41〕

按照這一研究思路，筆者試圖從點、線、面等角度架構元代河北區域研究的立體史、綜合史和總體史。基於本課題研究內容的區域性、研究角度的多維

〔註41〕　李治安師：《元代華北地區研究》前言，南開大學出版社，2008 年，第 4 頁。

性、研究方向的多向性，圍繞研究宗旨和研究範疇，結合相關研究成果，筆者擬採用以下研究方法：

首先，立足於區域史研究，借鑒歷史地理學、制度史、思想史、社會史、文化史等專門史研究方法。為更好的說明區域歷史本身，對其相關歷史地理沿革、行政建制沿革與變遷、主要歷史人物思想、區域社會政治發展和社會變革、共同文化載體等領域的探討很有必要。

其次，注意發覺整體和部分之間的聯繫。對於整個元王朝版圖而言，直隸省部地區可以作為部分構成；對於直隸省部地區而言，各路、州又是其組成部分。部分有時候可以代表整體，有時難以以偏概全。只有對其相關聯繫更好的把握，才能產生比較深入的認識。同樣，一定程度上，從歷史縱向的角度，考察河北的區域定位可以更好的把握「元代直隸省部」的地位。

再次，注重宏觀概括和微觀考證相結合。無論是一山一地、一城一物，還是一個人物或者一部作品，都有必要從微觀的角度考證詳實。如果我們的材料根基不穩，其概括性結論的可靠性也將受到懷疑。尤其是從區域史角度，考察地理變遷、社會變革和文化載體等領域時，微觀考證是不可或缺的。立足於微觀考證的歷史事實，從宏觀站位加以提煉，進而歸納出較為理性的判斷，達到以量的積累為基礎的質的突破。

最後，歷史學、政治學、文學、地理學、文化學等多學科知識交相使用。使用現代科學研究方法詮釋區域研究內容、多維研究角度和多向研究方向是必要的路徑。

總之，在本課題的研究過程中，筆者力圖綜合利用上述諸種方法，努力做到：既有縱向的歷史考察，也有橫向的全域考慮；既有宏觀的歸納概論，又有微觀的名物考證；既有政治歷史的推敲，還有社會文化的分析。

當然本課題的研究也存在一些頗為困惑之處，造成了論文撰寫的困難。主要表現在：元代直隸省部地區歷史地理是一個難以準確描述的領域，受人工開鑿南北向運河和自然造就東西向黃河等交錯布局的影響，再加上黃河河道不斷遷徙，尤其是實行行省制度的元代設立中書省管轄華北地區，以畿輔為特徵的「直隸省部」行政變遷不太清晰，這些問題弱化對「元代直隸省部」的歷史定位。與明清直隸省相比，元代中書省直轄地區是以腹裏的政治形態出現的，再加上資料的限制，對元代直隸省部行政運作的描述很難到位。該區域士人多樣性表現和較為複雜的歷史狀況，對其主導的文化變遷特點的勾

勒也需要大量文獻的積累、支持和多學科知識。本課題各部分的相對獨立性，文章的合理布局也需要化費很大的精力；研究角度的多維性、多學科性使得本課題研究需要借鑒的學科知識和方法比較複雜，吸取各學科研究手段必須花費一定時日。

五、研究主旨及創新點

（一）研究主旨

研究主旨在於：分析元代直隸省部地區存在的自然環境，考察元代直隸省部行政沿革及其與中書省六部的直接隸屬關係，探索該地區軍事佈防及監察特色，透視具有個性差異的文化流派，並以個案視角切入代表性路分，進而歸納元代直隸省部的特殊性。具體內容安排如下：

第一章，直隸省部地區地理環境和水利。概括論說了這一地區的地理範圍、地形概貌、人口分佈、物產情況和水利資源。分析了農牧連接區域對蒙古統治形成的有利位置和物產資源對大都都城建設的自然優勢。對中部東西流向自然河流滹沱河和東部南北走向人工河流御河進行專題研究，既突出了縱向貫通御河對元代的重要意義，又強調了季節變化所造成的旱潦災害對元朝產生的困惑。

第二章，直隸省部政區沿革與中書省部的統轄管理。對河北地區行政沿革的陳述，置元代直隸省部的行政建制爲河北歷史變遷長時段的氛圍之中。探討了該地區路、州與中書省部在行政、財賦、文教、司法、驛站等方面直接隸屬關係，對元代直隸省部地區天子畿輔與大汗直轄部民混合體的勾勒，顯示了元朝直隸省部建制的蒙漢二元特殊背景。

第三章，直隸省部地區的軍事屯駐。在分析元代侍衛親軍創建沿革的基礎上，探討了他們以護衛兩都爲主的職能，進而從漢軍軍衛、色目軍衛、蒙古軍衛和駐紮在該地區的新附軍等幾個角度，論述了侍衛親軍駐紮在直隸省部地區的狀況，並簡要分析了對該地區的雙重影響。

第四章，燕南河北道肅政廉訪司考述。對燕南河北道廉訪司設置變遷、官員考述、基本職能三個問題作了探討。主要從監察系統的層面，瞭解燕南河北道廉訪司作爲天下第一道的政治特色。

第五章，直隸省部地區文化流派：以封龍、紫金、蘇門三山學者爲中心。

通過對封龍、紫金、蘇門三山學者群體諸問題考述，分析了元初直隸省部地區漢文化發展主要流派，展示各流派主體思路，並通過對這三個群體學理分析及學術流變的研究，展示他們在社會發展中自我意志的施展及對傳統文化的繼承、變遷。

第六章，興和、順德、懷孟三路個案研究。通過對興和路沿革的考察，顯示該區域處於兩種文化交接的特點。興和路交通衝要，元朝設置的二十六匠局和昔寶赤鷹房，表現了貴族消費和夏秋捺缽的特殊需要。對邢州大治和王結治理順德路的論述，展示該地歷經答剌罕自理、忽必烈代治及王結儒治的時代進展，反映了元朝統治者在直隸省部地區統治策略的演變及漢族士人的努力。對忽必烈熟識的名望人士委任此地的考察，再加上對靳德茂的研究，表達懷孟路的直隸屬性。總之，興和、順德、懷孟三路個案研究，從忽必烈分地或代治地三個路分的角度體現元代直隸省部的政治生態。

（二）主要創新點

第一，首次考察元代直隸省部的行政建制變遷及對以後直隸省建制影響、中書省六部對直隸地區的直接管理等，分析元代直隸省部背後的蒙古政治文化作用及其與漢唐畿輔的制度淵源。

第二，以封龍、紫金、蘇門三山學者爲中心，探討了元代河北文化流派。努力揭示封龍、紫金、蘇門三類學者群體的文學、術數、理學三個方面的學術特質、文化內涵以及不大相同的政治際遇。

第三，選擇興和路、順德路、懷孟路三路作爲個案研究。探討兩都巡幸境況下興和路鷹房的功用及其游牧文化意義，特別是考訂了鷹房季節性南北遷徙。從元初邢州大治、中期推行《善俗要義》兩方面，闡明元朝不同時期政治改革試點情況。從官員出仕、《靳德茂墓碑》考注、濟瀆祭祀三個方面，展現元朝對忽必烈昔日食邑懷孟路的政治經營。

第一章　直隸省部地區地理環境與水利

　　地理環境是人類生存活動的空間範疇，即在一定地理範圍內各種自然條件的結合體。儘管地理環境的自然物質（如山脈、平原、高原、河流、湖泊等）隨著時間的推移，也會發生這樣和那樣的變遷，甚至根本性的改變（如黃河河道變遷）；但是相對於人類社會歷史而言，其變遷是緩慢的、不明顯的。當然，由於自然物本身的差異，在自然物內部也表現出變化時間差異性和人類改造自然的程度不均衡性〔註1〕。為了更好的說明區域範圍內人類生存的社會狀況，我們有必要對其生活的地理環境作縱向梳理，以探尋該地域人類受制於地理環境的客觀性和在自然條件下奮鬥的痕跡。本章主旨在考論河北地理概況的基礎上，考察滹沱河和御河在元代的變遷，進而探索元代直隸省部區域歷史地理的一斑，從而為研究元代直隸省部區域歷史提供自然環境認識基礎〔註2〕。

〔註 1〕 雖然眾所周之愚公移山的故事，但是人類對於山脈、平原、高原等固態地質結構的改變較為困難，而對於河流、湖泊等動態地質結構的改變，則相對容易，因此，同為自然物的地質結構，其變化的時間差異性也很明顯。

〔註 2〕 王培華注重從「自然條件與政治經濟發展的關係」研究歷史，近年來做了諸多有益的探索。《元明北京建都與糧食供應——略論元明人們的認識和實踐》（文津出版社，2005 年）等從水利、災害等自然條件展開的成果即為該方面的典型。一定程度上，為我們客觀地認識歷史提供了理性視角。

第一節　地理概況

　　當代學者多從現在河北行政區劃範圍對其地理概況加以概括〔註3〕，個別斷代史論者也從相關時代的角度對該地區地理特徵做了論述〔註4〕，還有的學者從元代大都或北方地區的自然環境及其變遷方面做了較爲系統的研究〔註5〕。筆者擬就該地域的地理範圍、地形概貌、人口分佈、物產類別、水利資源諸問題加以考述。從長時段角度認知元代直隸省部地區的客觀依存。

一、地理範圍

　　河北簡稱「冀」，是爲冀州中心之地。現代學者多認爲《禹貢》是戰國時代的著作〔註6〕。即便如此，當時冀州範圍的確立也是河北地理範圍認知的關鍵一環。欲求河北地理範圍之根，則需對「冀州」考索。《禹貢》所載「冀州既載，壺口，治梁及岐。既修太原，至於岳陽。覃懷底績，至於衡漳。厥土惟白壤，厥賦惟上上錯，厥田惟中中。恒衛既從，大陸既作。島夷皮服。夾右碣石，入於河。」李民在認可鄭玄「兩河閒曰冀州」和《孔疏》「東河之西，西河之東，南河之北是冀州之境」之後，認爲：「冀州的範圍至少應包括現今的山西中、南部；河南北部；河北的中、南部。而其中心地區則在山西南部。至於冀州之北境的地名，《禹貢》並未言及，故不必強定其北界。」〔註7〕劉起釪認爲：「冀州，舊釋東河（兗河）之西、西河（雍河）之東、南河（豫河）

〔註3〕　苑書義、孫寶存、郭文書主編：《河北經濟史》（人民出版社，2003年）對河北的地理範圍與地形地貌、水資源、氣候、土壤、植被五個方面作了介紹。另參見：嚴蘭紳主編《河北通史》，河北人民出版社，2000～2002年；鄧綏林等編寫《河北省地理》，河北人民出版社，1986年；河北省交通廳史志編纂委員會編寫《河北古代陸路運輸簡史》，河北科學技術出版社，1986年。

〔註4〕　默書民按照燕南河北和山北兩個地區對元代河北的地形與土壤、氣候、水資源和其他資源做了概括說明。參見：孟繁清等著《蒙元時期環渤海地區社會經濟發展研究》，天津教育出版社，2003年，第6～16頁。

〔註5〕　這方面的集大成者爲王培華。參見氏著：《元代北方災荒與救濟》，北京師範大學出版社，2010年；《元明北京建都與糧食供應——略論元明人們的認識和實踐》，文津出版社，2005年；《元明清華北西北水利三論》，商務印書館，2009年。

〔註6〕　譚其驤：《在歷史地理研究中如何正確對待歷史文獻資料》（《學術月刊》1982年第1期）指出：「《禹貢》不是大禹時代的作品，《禹頁》裏九州不是夏代的行政區劃，而是戰國時代學者對他們所知道的整個『天下』所作的地理區劃」。

〔註7〕　李民：《夏商史探索》，河南人民出版社，1985年，第30頁。

之北是冀州境，傳說中的堯、舜、禹帝都所在。其境相當今山西全省（其西為雍州）、河南省的黃河以北（其南為豫州）、天津靜海、河北省的文安、獻縣、冀縣、南宮、鉅鹿、曲周、魏縣一線的古黃河以西（其東為兗州）和內蒙古陰山以南，西達托克托，東及遼寧省遼河以西的大部（其東為青州）。這是《禹貢》作者假想的王畿，即天子的直轄地。」〔註8〕綜合而言，冀州為上古時期的政治中心，其大體範圍介於豫河（河南段黃河）以北、兗河（山東段黃河）之西、雍河（山西段黃河）之東、蒙古高原以南的空間範圍。

河北最典型的名稱來源顯然是黃河以北，最早出現在《戰國策》，其卷二十《趙三》「趙有河北」，卷三十《燕二》「河北之地」，但這一名稱只是黃河以北地域的泛稱，尚沒有確切的行政地理概念。其後，歷經秦、漢、魏、晉、隋等，此種稱謂一直持續著。唐代始有行政區劃意義上的河北道，「貞觀元年（628）三月十日，並省州縣。始因關河近便，分為十道：一曰關內道，二曰河南道，三曰河東道，四曰河北道，古幽、冀二州之地」〔註9〕。河北道的管轄範圍：「魏博節度使，轄魏、相、博、衛、貝、澶六州；河陽節度使，轄懷州及河南的五城；易定節度使，紹定、易二州；恒冀（成德）節度使，轄恒、冀、深、趙、德、棣六州；幽州節度使，轄幽、薊、檀、嬀、營、平、瀛、莫等州；滄景節度使，轄滄、景二州。以上屬貞觀初的河北道範圍。」〔註10〕大體包括今河北省全部及山東省、河南省北部和內蒙古自治區、遼寧省的南部地區。936年，後晉石敬塘「割幽、薊、瀛、莫、涿、檀、順、新、嬀、儒、武、雲、應、寰、朔、蔚十六州以獻契丹」〔註11〕，自此經歷其後宋遼對峙，河北地區由中原王朝和北方少數民族政權分別管理。雖然宋太祖、太宗刻意爭取，然而宋代的河北範圍始終未能達到燕山山脈，河北中部的白溝為兩個王朝的國界。全有河北之境的金朝設置中都路、河北東路、河北西路、大名路管理該地區。

元朝建立之後，以山東、山西、河北之地為中書省管轄的腹裏地區。由前述元代直隸省部的概念界定可知，元代直隸省部的管轄範圍基本為「大都、上都、興和、永平、保定、眞定、河間、順德、廣平、大名、彰德、衛輝、懷孟，共十三個路級行政實體」。大體而言，元代直隸省部因襲上述河北地域。

〔註8〕　劉起釪：《禹貢冀州地理叢考》，《文史》第25輯，1986年。
〔註9〕　（宋）王溥：《唐會要》卷七○《州縣分望道》，叢書集成本。
〔註10〕　俞鹿年：《中國官制大辭典》，黑龍江人民出版社，1992年，第641頁。
〔註11〕　（宋）葉隆禮：《契丹國志》卷二《太宗嗣聖皇帝上》，上海古籍出版社，1985年，第17頁。

因之，南隔黃河與河南而望，西憑太行與山西分野，東南依黃河與山東爲界，東臨渤海，東北跟遼陽行省接壤，北和嶺北行省相連。

這種格局到了明朝被打破，洪武元年（1368）十月，隨著懷慶、衛輝、彰德改路爲府，三地始屬河南分省。其後不久明代正式確立直隸行政建制，北直隸八府比元代直隸省部範圍大爲縮小。清代在明代的北直隸地理範圍設置直隸省，管轄河北地區。由於有相同位置的都城──北京，元明清三個統一王朝所謂「直隸」省的地理範圍呈現爲連貫的演變範式。這種範式與元代以來行省地理範圍變遷交相輝映，追溯直隸省部地區變遷範式，元人陶宗儀從京師的角度論述其本：「至元四年正月，城京師以爲天下本。右擁太行，左注滄海，撫中原，正南面，枕居庸，奠朔方，峙萬歲山，潴太液池，派玉泉，通金水，縈畿帶甸，負山引河。」〔註12〕

二、地形概貌

現在的河北省介於北緯 36°03′～42°40′、東經 113°27′～119°50′之間。與其相比，元代河北地區東臨渤海、西依太行沒有差別，而南部增加現在河南省黃河以北的安陽、鶴壁、新鄉等市，西南部延伸到河南焦作、濟源等地，北部增加內蒙古的正藍旗等處，則該地區地理座標大約介於北緯 34°50′～43°11′、東經 112°33′～119°50′之間。地勢由西北向東南傾斜，西北最高，東南最低。最高地爲海拔 2882 米的小五臺山的東臺，最低爲海拔 50 米以下的平原，直至略高於海平面的濱海地區。這一點和全國西北高、東南低的特點大致相當。從現代地形地貌的劃分種類來說，元代直隸省部境內幾乎囊括所有類別，一定程度上是全國地形的縮影，高原、草原、沙漠、山地、丘陵、盆地、平原、沼澤、海岸線、海洋等地形地貌在該地區都有體現，地形地貌如此類型齊全，在全國幾乎是個案。大體而言，按照梯級順序，該地區地形依次主要分爲高原、山地、平原。目前，高原占全省面積的 12.97％，山地占 34.7％，平原占 30.49％。〔註13〕元代河北南部的平原路分增加其平原的面積，高

〔註12〕（元）陶宗儀：《南村輟耕錄》卷二一《宮闕制度》，中華書局，1959 年，第250 頁。

〔註13〕光復書局編輯部：《中國地理大百科》1《河北‧北京‧天津》，光復書局，1997年，第 1 頁。另，鄧綬林主編《河北省地理概要》（河北人民出版社，1984 年）認爲：「按地貌類型粗略地估計，山地（包括山間盆地）約占全省總面積的 47.6％，高原約占 8.4％，平原約占 44％」。

原也由於上都路的加入而有所增加。

　　元代直隸省部高原部分主要是上都路的大部和興和路的部分，即現在的張北高原和內蒙古高原東南部錫林浩特盟的正藍旗、太僕寺旗、多倫縣等地。高原地帶主要是適用於放牧的草原。當然由於氣候惡化、戰爭等原因，已經出現沙漠化現象，宋人曾感受到沙漠的侵襲，「塞雲委地如潑墨，惡風吹沙變黃黑。紫髯將軍柳葉甲，銀鬃護欄白玉勒。鐵林子弟八九千，飲馬渡橋過河北。沙漠黑地古戰場，寸草不生地皮赤。」〔註 14〕元代著名詩人張養浩也曾留下「窮迻惟沙漠，昔聞今信然。行人鬢有雪，野店灶無煙」〔註 15〕的感慨。

　　元代直隸省部山地部分主要包括冀西山地和冀北山地。前者即太行山脈東麓，主要包括懷孟路的北部，興和路的大部和保定路、眞定路、順德路、廣平路、彰德路、衛輝路六路的西山地區。後者爲燕山山脈，主要是大都路、永平路北部地區。河北地區外以太行山脈爲界與黃土高原分離，內以燕山山脈爲線將華北平原與蒙古高原斷開。在太行山脈西北部的宣德府（後改順寧府）桑乾河段有盆地地貌。在山地和平原連接處有大片丘陵地帶。

　　作爲主要地表構成的平原，按其分佈方位和形成原因主要分爲三類：西部山麓平原、中部沖積及洪積平原、東部濱海平原。平原地帶主要是河間路、大名路的全部和保定路、眞定路、順德路、廣平路、彰德路、衛輝路的大部以及大都路、永平路的南部。

　　關於河北地區的盆地，不僅存在於冀西山地的太行山脈和冀北山地的燕山山脈，而且就整體而言，平原部分又處於盆地的位置，「河北盆地，太行介於西，岩層向東傾斜。燕山介於北，岩層向南傾斜。山東突起於東，現輻輳之勢，由邊緣而中央地層時代逐漸而新，雖中部平原地層被淹沒，然環察四周情形，實一盆地構造也。」〔註 16〕

三、人口分佈

　　金元之際，河朔震動，1213 年「河北郡縣盡拔，唯中都、通、順、眞定、清、沃、大名、東平、德、邳、海州十一城不下」〔註 17〕，「凡破九十餘郡，

〔註 14〕　（宋）李鷹：《濟南集》卷三《作塞上射獵行》，《文淵閣四庫全書》本。
〔註 15〕　（元）張養浩：《歸田類稿》卷一八《上都道中二首》，《文淵閣四庫全書》本。
〔註 16〕　侯德封：《黃河志》，商務印書館，1937 年，第 28 頁。
〔註 17〕　《元史》卷一《太祖本紀》，中華書局，1976 年，第 17 頁。

所過無不殘滅。兩河山東數千里，人民殺戮幾盡，金帛、子女、牛羊馬皆席捲而去，屋廬盡毀，城郭丘墟矣。」〔註18〕次年，「天兵南下，宣宗失燕走汴。河北郡縣雖開設守令而政治威令解弛沮喪，土寇四起，力不能治，弱肉強食，互相殘，賊奔竄，莫知所依。」〔註19〕人們流離失所，衣冠世家多隨金主避亂河南，史稱「貞祐南遷」。澤州人李俊民南遷後隱於嵩山，後徙懷州〔註20〕。為驅使軍隊效命，金朝「徙河北軍戶百萬餘口於河南」〔註21〕。「自貞祐南渡，河朔喪亂者餘二十年。趙為兵衝，焚毀尤甚。民居官寺，百不存一。學生三數輩，逃難狼狽，不轉徙山谷則流離於道路。」〔註22〕「河北失業之民僑居河南、陝西，蓋不可以數計」〔註23〕。雖然金朝遷都於汴，仍然「封九公以蕃河朔，則志在復中原矣」〔註24〕，其中勢力最大的武仙盤踞眞定。南宋也插手其中，宋嘉定十三年（1220）七月，「以京東、河北諸州守臣空名官告付京東、河北節制司，以待豪傑之來歸者。」〔註25〕地方揭竿而起者也造成很大影響，「邢州盜號趙大王，聚眾數千，據任縣固城水寨。眞定史天澤集諸道兵攻之，不能下」〔註26〕。三方勢力支持下的地方世侯，再加上地方強盜，河北地區人民的生活困境可想而知。1232年，蒙古軍隊佔領汴梁，遷徙河南人民充實河北郡縣，是為「壬辰北渡」。陳州商水人李英，「曾祖挈其家僑易州。歲乙未，始占驛傳戶版。」〔註27〕其後，河北地區作為南北通道，驛站的盤剝，軍隊的供應，都使得該地人口發展受到很大的影響。至元元年（1264）以後，隨著北方戰事的減少，元朝政府逐漸重視農業建設，河北地區的人口開始逐漸恢復。至元三年（1266）以後，在征服南宋的戰爭中，元朝政府實

〔註18〕　（宋）李心傳：《建炎以來朝野雜記》乙集卷一九「韃靼款塞」，中華書局，1985年，第590頁。
〔註19〕　（元）胡祗遹：《紫山大全集》卷一八《龍虎衛上將軍安武軍節度使兼行深冀二州元帥府事王公行狀》，《三怡堂叢書》本。
〔註20〕　《元史》卷一五八《李俊民傳》，中華書局，1976年，第3733頁。
〔註21〕　（元）脫脫等：《金史》卷一〇九《陳規傳》，中華書局，1975年，第2406頁。
〔註22〕　（元）元好問：《遺山集》卷三二《趙州學記》，四部叢刊本。
〔註23〕　（元）脫脫等：《金史》卷一〇二《田琢傳》，中華書局，1975年，第2250頁。
〔註24〕　（金）趙秉文：《閑閑老人滏水文集》卷一八《宣宗謚議》，四部叢刊本。
〔註25〕　（元）脫脫等：《宋史》卷四〇《寧宗》，中華書局，1977年，第774頁。
〔註26〕　（元）胡祗遹：《紫山大全集》卷一八《龍虎衛上將軍安武軍節度使兼行深冀二州元帥府事王公行狀》，《三怡堂叢書》本。
〔註27〕　（元）蘇天爵：《滋溪文稿》卷二〇《易州李氏角山阡表》，陳高華、孟繁清點校，中華書局，1997年，第341頁。

行「河北耕以供軍，河南戰以闢地」﹝註 28﹞的策略，但是由眞定史氏家族、保定張氏家族率領下的河北將士依然在前線效勞。南宋滅亡以後，元代河北地區的人口始趨於正常。

《元史‧地理志》爲我們留下了至元七年（1270）河北各路的戶口資料。明代各府的戶口數來源於《明史‧地理志》記載的弘治四年（1491）數據。茲結合下表，對元代河北地區人口分佈情況加以分析：

第一，從占金朝的比例看，該地區東部、南部路分所受戰爭影響較大，如河間路、永平路、大名路；北部、西部路分較小，如上都路、興和路、保定路、眞定路、順德路。造成這一原因的是北部地區本身人口較少，這裡又是蒙古較早征服地區，恢復較快，而保定、眞定、順德、彰德等路的西山地區，則可容很多人口逃亡。大名、河間、永平等平原地區相對來說逃生困難，受到蒙古軍隊破壞的影響較大。

第二，元初政治逐漸趨於穩定，大都路、眞定路等政治文化中心人口恢復較快，並且隨著其城市發展，人口增長明顯。

第三，金元之際，受到地方世侯保護的地區，人口受到影響較小，如史氏家族維護的眞定、張氏家族維護的保定，社會秩序較爲安定，人口所佔比例較大。

第四，人口分佈差別明顯。從地形角度來看，平原地區人口較多，而興和路、上都路等山地和高原地區人口較少。從政治、文化中心來看，大都路、眞定路人口明顯爲多，最少路分（永平路）人口數是最多路分（大都路）的8.79％，如果除去大都路作爲全國政治中心的位置，永平路僅僅是眞定路的14.66％。

第五，與明代戶口相比，典型的差別是明代戶均口數遠遠超過元代，元代戶均口數爲 2.67，明代爲 7.75，是元代的 290％。與明代八府相應的元代八路的戶數 59.1129 萬戶，明代戶數爲 44.2268 萬戶，是明代戶數的 134％。除了永平路明顯較少、大都路稍微弱於明順天府外，其餘路分戶數均多於明代，尤其是眞定路元代戶數 13.4986 萬戶，是明代 5.9439 萬戶的 227％。

﹝註28﹞《元史》卷一五六《董文炳傳》，中華書局，1976 年，第 3670 頁。

元、明河北地區戶口分佈情況比較表

路分	轄錄事司、州、縣數目	元朝戶數占金朝戶數比例〔註29〕	元代該路戶數（萬）	元代該路口數（萬）	戶均口數	明代相應戶數（萬）	明代相應口數（萬）	明代戶均口數
上都路	領院一、縣一、府一、州四。州領三縣。府領三縣、二州，州領六縣。	21%	4.1062	11.8191	2.87			
興和路	領縣四、州一。	79%	0.8973	3.9495	4.40			
大都路	領院二、縣六、州十。州領十六縣。	28%	14.7590	40.1350	2.71	15.0518	66.9033	4.44
永平路	領司一、縣四、州一。州領二縣。	12%	1.3519	3.5300	2.61	2.3539	22.8944	9.73
保定路	領司一、縣八、州七。州領十一縣。	32%	7.5182	13.0940	1.74	5.0639	58.2482	11.50
眞定路	領司一、縣九、府一、州五。府領三縣，州領十八縣。	39%	13.4986	24.0670	1.78	5.9439	59.7673	10.06
順德路	領司一、縣九。	38%	3.0501	12.4465	4.08	2·1614	18.1825	8.41
廣平路	領司一、縣五、州二。州領六縣。	29%	4.1446	6·9082	1.66	2·7764	21.2846	7.67
彰德路	領司一、縣三、州一。		3.5246	8.8206	2.50			
衛輝路	領司一、縣四、州二。		2.2119	12.7247	5.75			
懷慶路	領司一、縣三、州一。州領三縣。		3.4993	17.0926	4.88			

〔註29〕 這一欄數字引用苑書義等主編《河北經濟史》（人民出版社，2003年）第二卷（該卷主編爲孟繁清）「元朝與金朝相應地區人口比較」，第171～172頁。

路分	轄錄事司、州、縣數目	元朝戶數占金朝戶數比例〔註29〕	元代該路戶數（萬）	元代該路口數（萬）	戶均口數	明代相應戶數（萬）	明代相應口數（萬）	明代戶均口數
大名路	領司一、縣五、州三。州領六縣。	17%	6.8639	16.0369	2.33	6.6207	57.4972	8.68
河間路	領司一、縣六、州六。州領十七縣。	24%	7.9266	16.0369	2.02	4.2548	37.8658	8.90
合計	十三路領三院、十司、二府、四十三州、一百五十八縣（含府、州領縣九十一）。		73.3522	195.7497	2.67	44.2268	342.6433	7.75

四、物產類別

宋代時期，在慶曆四年（1044）任職河北轉運按察使的歐陽修對河北的經濟形勢作了深入分析：

> 凡自河以北，州、軍、縣、寨一作州、府、軍、縣，一百八十有七城，主客之民七十萬五千有七百戶，官吏在職者一千二百餘員，廂禁軍馬、義勇民兵四十七萬七千人騎，歲支糧草錢帛二千四百四十五萬，而非常之用不與焉。……祖宗時，哀閔河北之民歲為夷狄所困，盡以海鹽之利乞與疲民，此國家恩德在人已深而不可奪者也。西山之長數百里，其產金、銀、銅、鐵、丹砂之類，無所不有。至寶久伏於下，而光氣苗礦往往溢發而出地，官禁之不許取，故捨此惟有平地耳。河北之地四方不及千里，而緣邊廣信、安肅、順安、雄、霸之間盡為塘水，民不得耕者十八九；澶、衛、德、博、濱、棣、通利、大名之界東與南，歲歲河災，民不得耕者十五六；今年大豐，秋稅尚放一百萬石。滄、瀛、深、冀、邢、洺、大名之界西與北，鹹鹵大小鹽池，民不得耕者十三四。又有泊淀、不毛、監馬、棚牧與夫貧乏之逃而荒棄者，不可勝數。大山大海之利，既不可取，而平地堪出財賦者，又有限而不取，其助者不過酒稅之入耳。〔註30〕

〔註30〕　（宋）歐陽修：《文忠集》卷一一八《河北奉使奏草》卷下《論河北財產上時相書》，四部叢刊本。

 1044 年的歐陽修時代，河北是遼宋對抗的重地，失去燕山天然阻隔的宋朝爲對抗遼兵南下，「人爲地將滹沱河、胡盧河（今滏陽河前身）、永濟渠等河水引入這一低窪地帶，築塘蓄水，形成一條西起今保定市，東至於海的淀泊帶，南北最寬處達一百三五十里，最狹處也有八里十里，深度三尺至一丈三尺不等，『深不可以舟行，淺不可以徒涉』，史稱塘濼。」〔註31〕經過全有河北之地的金朝一代經營，元初河北地區已有所改變。郝經論述以保定爲中心的張柔佔領區：「西盡常山之尾，繞出鎮定，左轉蜚狐之口，東包河間，出九河，南入分野，北盡涿易，橫絡上谷、盧龍之塞。而跨有燕、趙、恒、岳之鎮，有滹沱、淶、易之浸，有桑、麻、魚、鹽之利，棗、栗五穀之饒，金、鐵、纖纊之產。河朔諸道，車轍馬足，皆出其間，四方之珍充羡，而貨泉川流，遂爲一大都會。」〔註32〕此論雖有讚譽之嫌，然基本反映該時期河北物產概況。

 古代中國一直「以農爲本」，我們主要著眼於元代河北地區的農業物產。該地區作爲中華文明發源地之一，農業文化發展歷史悠久。糧食作物中穀類和豆類較爲齊全〔註33〕。穀類主要是小麥和粟，這類作物都是傳統作物，爲「衣食之本」，當時文人也多有提及。身在保定路的郝經「拜首稱慶，歌頌布衣職也。乃作《瑞麥頌》」〔註34〕。在眞定視察災情的王惲吟詩歌頌，「漲痕到處盡翻耕，隴畝縱橫宿麥青。馬首野人爭說似，肯教欺昧老提刑。」〔註35〕河北地區的西部和北部乾旱地區還種植蕎麥。遇到雨水來臨季節較晚時，靠天吃飯的丘陵、山地農民就種植耐寒植物蕎麥，所以有「蕎麥花開草木枯」〔註36〕的說法。另外，南部的衛輝汲縣等地「田宜稻」〔註37〕，說明這裡也適合南方作物水稻生長。《析津志・物產》留下的豆類種類可以反映元代河北地區

〔註31〕 張修桂：《中國歷史地貌與古地圖研究》，社會科學文獻出版社，2006 年，第 405 頁。

〔註32〕 （元）郝經：《陵川集》卷三五《左副元帥祁陽賈侯神道碑銘》，《北京圖書館古籍珍本叢刊》本。

〔註33〕 關於元代河北地區的農作物情況，參見：苑書義等主編：《河北經濟史》第二卷（該卷主編爲孟繁清），人民出版社，2003 年，第 203〜207 頁；孟繁清等著：《蒙元時期環渤海地區社會經濟發展研究》，天津教育出版社，2003 年，第 81〜87 頁。另：吳宏岐：《元代農業地理》（西安地圖出版社，1997 年）相關章節也作了論述。

〔註34〕 （元）郝經：《陵川集》卷二〇《瑞麥頌》，《北京圖書館古籍珍本叢刊》本。

〔註35〕 （元）王惲：《秋澗先生大全集》卷三四《農里歎》，《元人文集珍本叢刊》本。

〔註36〕 （元）胡助：《純白齋類稿》卷一四《宿牛群頭》，《文淵閣四庫全書》本。

〔註37〕 （元）王惲：《秋澗先生大全集》卷三六《博望侯廟辨記》，《元人文集珍本叢刊》本。

豆類種植的繁盛：黑豆、小豆、綠豆、白豆、赤豆、紅小豆、豌豆、板豆、羊眼豆、十八豆，等等。經濟作物麻類、菜類也都有大量種植。植桑種麻當為時之所需，一方面解決人們生活，另一方面也是國家儲備基本物資。窩闊台時期，實行五戶絲制度，客觀上促使該地區絲織業的發展，使得河北南部有「千里桑麻」〔註38〕之稱。北方大都路的寶坻縣也有種植大麻的記載。〔註39〕順德路總管王結教導農民發展桑麻產業，「更宜種麻以備紡績。蠶桑之事，自收種、浴川、生蛾、餵飼，以至成繭繰絲，皆當詳考農書所載、老農遺法，遵而行之。」他還提倡「治園圃」，種植菜類作物韭菜、瓜、茄、蔥、蒜、芋、蔓菁、苜蓿等。〔註40〕當然還有其他很多物產在元代河北已經生產，但囿於資料所限。為有助於我們理解元代河北農業物產，茲錄明代《保定郡志》所載名目於下：

> 穀屬：粟、黍、戎叔、麥、豆、麻、旱稻、蜀秫
>
> 果屬：桃、杏、李、梨、蓮、藕、榴、櫻桃、來禽、秋子、海紅、
> 　　　葡萄、栗、銀杏、棗、柿、胡桃
>
> 瓜屬：西瓜、木瓜、菱、芡、蔔、棠球
>
> 蔬屬：蕨、蒲、芥、菘、瓜、邾、茄、胡荽、香菜、甘菊、馬藍、
> 　　　蔓菁、茼蒿、蔥、薤、蒜、菠棱、芹、白菜〔註41〕

該志還列舉了花屬、藥屬、草屬等類目，其分類已經相當科學。

　　無論歐陽修的「西山之長數百里，其產金、銀、銅、鐵、丹砂之類，無所不有」，還是郝經的「金、鐵之產」，都強調元代河北地區礦業物產。元代河北的礦物產地主要有：檀州、景州是產金之地，大都、真定、保定、雲州、懷孟為產銀之地，順德路、檀州、景州為產鐵之地，廣平為產礬之地〔註42〕。另外河北還是元代重要的產鹽區，鹽產地為河間路的滄州、清州和真定路的深州。

〔註38〕（元）胡祇遹：《紫山大全集》卷七《題嚴東平忠止亭十一絕》，《三怡堂叢書》本。（元）陳孚：《陳剛中詩集》卷二《真定懷古》，《文淵閣四庫全書》本。

〔註39〕（元）孛蘭肹等：《元一統志》卷一《中書省統山東西河北之地・大都路・土產》，趙萬里校輯本，中華書局，1966年，第19頁。

〔註40〕（元）王結：《文忠集》卷六《善俗要義》，《文淵閣四庫全書》本。

〔註41〕（明）《（弘治）保定郡志》卷七《食貨三・土產》，《天一閣藏明代方志選刊》本。

〔註42〕《元史》卷九四《食貨志二》，中華書局，1976年，第2377～2378頁。

五、水資源

　　處於中緯度的河北地區，受太陽高度角和日照時間變化較大的影響，多冷夏熱的特點比較明顯。儘管與渤海爲鄰，但渤海爲面積不大的內海，海洋影響氣候的成分較弱。南北緯度差，更加上西北部山地、高原的海拔高度與東南平原地區的海拔較低明顯對比，造成夏季溫差較大，西北部形成天然避暑區。地形不僅影響著氣溫，還形成降水地域分配差異。沿太行山山脈——燕山山脈的弧形山地是河北地區的多雨帶，而西北壩上地區受高山阻隔，水氣減少，成爲河北地區的少雨乾旱區。降水差異的季節性更爲明顯，河北地區的降雨主要集中在夏季。春播季節「春雨貴如油」，是對雨水期盼的由衷表達。秋季降雨量大大低於夏季，而冬季「瑞雪兆豐年」，是對降雪渴望的眞切心願。春季無雨莊稼旱，夏季霖雨作物澇，往往成爲該地災荒的主要誘因。爲抗旱和防澇，人們總會千方百計，取得令人欣慰的成果，但有時候千方百計與自然的鬥爭又常常發展爲不經意的自食其果。與傳統儒道思想「進取」與「退隱」相一致，河北人民水利奮鬥史也融進了「利」與「弊」的多重較量。「晚全新世，正是人類大規模開發自然、利用自然的時期，因而對河道變遷和古河道的形成起了越來越大的作用。可以說，溫涼偏乾的地理環境與人類不合理的對自然界的開發，使華北平原的河道變遷越來越頻繁」〔註43〕。自大禹治水以來，河北地區的水利事業就與黃河緊密地連結著，影響最大的當屬黃河多次改道以及由此而生的水利建設，「西門豹引漳水漑鄴」〔註44〕是河北水利建設的典範。自隋朝大運河的開鑿，河北地區的水利被納入到國家水利建設的大網絡中。自隋至金，河北地區水利也算是受到統治者重視，其中關鍵的一段是宋遼對峙時期，從軍事目的經營河北地區水利〔註45〕。1128年黃河的南泛使得黃河對河北水利的影響漸弱。然而，元代定都北京以後，直至明清，南糧北運使得河北地區水利成爲重中之重：保障京師供應的同時，河北人民也遭受著多重影響下的旱澇災害的煎熬。

〔註43〕　吳忱、朱宣清、何乃華等：《華北平原古河道形成研究》，《中國科學 B 輯》1991年第 2 期，第 195 頁。

〔註44〕　（漢）司馬遷：《史記》卷二九《河渠書七》，中華書局，1975 年，第 1408 頁。

〔註45〕　關於宋代在河北引水抗遼軍事問題，參見：鄒逸麟：《歷史時期華北大平原湖沼變遷述略》，中國地理協會歷史地理專業委員會：《歷史地理》第五輯，上海人民出版社，1987 年，第 31 頁。

《經世大典・序錄》有言：「太史公《河渠》一書，所以載水利者甚悉，蓋水雖能爲害，然人得其疏導蓄泄之方，以順其潤下之性，則爲利亦大矣。國家定都幽燕，上決白浮、雙塔諸水，導之爲通惠河，以濟漕運。又爲之立閘壩，以節其盈涸。舟楫既通，而京師無告乏之弊。至導渾河、疏灤水而武清、平灤無沒溺之患。濬冶河、障滹沱，而眞定免決齧之虞。開會通於臨清以通南北之貨。」〔註46〕均言元人河北水利之功。對於以通惠河爲核心的元大都水利事業，學界研究非常到位。下面主要對大都以外的河北水利資源情況略作論述。

漳河，元代河北南部較爲有名河流。元代地理學名著《河朔訪古記》卷中《魏郡部》對其流程及傳說等情況有詳細的紀錄：

> 安陽縣北三十里，臨漳縣南十五里，鄴鎮之西曰蔡村，有濁流奔崩，俗謂之漳河也。《禹貢》曰：「覃懷底績，至於衡漳。」《水經》云：「濁漳之源，出晉寧路長子縣西發鳩山，東北流過壺關、屯留、潞縣，合眾山之水，其流始大。又東過武安縣，有清漳水，自涉縣東南來注之。其水合流謂之交漳口。清漳源出上黨沾縣大黽谷，東北過磁州武安與濁漳合。遂東過鄴縣西，又東過三戶津，又東北過洺州曲周、平恩二縣，又東北過冀州，又東北過景州東光縣弓高鎮，又東北過瀛州樂壽縣景城鎮，又東北過平舒縣，而入於海。」云：「漳水自出山至入海，凡行一千六百八十里」。按《史記》魏文侯時使西門豹爲鄴令。豹即發民鑿十二渠，引漳水漑民田。民皆煩苦。豹曰：「民可與樂成，不可與慮始。今雖患苦，百歲後，期令父老子孫思我言。」民後果得其利，至今，鄴人祠祭不絕。又，《西漢書》文侯曾孫襄王嘗與群臣飲酒祝曰：「令吾臣皆如西門豹之爲人臣也」。史起進曰：「魏氏之行田也，以百畝，鄴獨二百畝，是田惡也。漳水在傍，豹不知用是，不智也。知而不興，是不仁也。仁智未盡，豹何足法。」於是襄王使起爲鄴令，遂引漳水漑田，過水東注，號天井。堰里中作十二墱，墱相去三百步，使互灌注。一注分十二流，皆懸

〔註46〕（元）蘇天爵：《元文類》卷四二《經世大典序錄・工典總序・河渠》，商務印書館，1936年，第614～615頁。另：《元史》卷六四《河渠志一》：「內立都水監，外設各處河渠司，以興舉水利、修理河堤爲務。決雙塔、白浮諸水爲通惠河，以濟漕運，而京師無轉餉之勞。導渾河疏灤水而武清、平灤無墊溺之虞，濬冶河障滹沱而眞定免決齧之患」。

水門。鄴人名曰晏陂澤。河內之民以致殷富。民歌之曰：「鄴有賢令
兮曰史公，決漳水兮灌鄴傍，終古舄鹵兮生稻粱。」今史、漢所載
二說不同。予疑當時豹嘗鑿渠而後湮廢，至起紹修，故民歌之。今
並錄焉。十二月早，出彰德北門，至蔡村西行三十里，狹處作土橋
以渡。時漳水退縮，層冰峨峨，逐流東下。土人云：「春夏水漲至與
岸平，闊可數里，號小黃河。」又曰：「水傍多石子，俗傳可以暖腹。」
又有紋石，濱河之民取以為器，貨之。

因漳河「春夏水漲至與岸平，闊可數里，號小黃河」，元史記載多起漳河
泛濫，甚至危害廣平城池，「壞民田二千七百餘頃」〔註47〕。

灤河，發源於著名的金蓮川，「由松亭北，經遷安東，平州西，瀕灤州入
海」〔註48〕。主要流經上都路和永平路，在兩路都有災害記錄，上述「導渾
河疏灤水而武清、平灤無墊溺之虞」即指於此。此外，河間路河間河，保定
路拒馬河、白溝河，真定滹沱河（下文專門論述），順德路澧河〔註49〕，彰德
路洹水，都是各地較有影響的河流。除了自然河流以外，元代河北人工改造
的河流也卓有成效。著名的有大都路的通惠河和金水河，懷孟路的廣濟渠。
值得一提的是，元代人民利用河水解決漕運、灌溉和城市飲水等問題在河北
地區表現得尤為明顯。漕運方面主要是御河、通惠河等。灌溉方面主要是郭
守敬提議並實踐的水利六事，涉及到順德路達活泉和澧河、廣平路滏漳二水、
懷孟路沁河等。城市用水主要是元大都（該問題研究成果較多，此處不再贅
述）和洺州。滏河，至元五年（1268）十月，洺磁路，「洺州城中，井泉鹹苦，
居民食用，多作疾，且死者眾。請疏滌舊渠，置壩閘，引滏水分灌洺州城濠，
以濟民用」〔註50〕。

除了河流以外，河北地區尚有為數不少的湖澤淀泊。其中最著名的當屬
大陸澤。大陸澤，也稱廣阿、大麓、沃川等，因為當地有巨大森林區得名。根

〔註47〕《元史》卷五○《五行一》，中華書局，1976年，第1055頁。
〔註48〕《元史》卷六四《河渠志一》，中華書局，1976年，第1601頁。
〔註49〕《元史》卷五《世祖本紀二》（中華書局，1976年，第103頁）校勘記〔一五
〕：「邢洺等處漳溍（澧）〔澧〕河達泉 按澧河在湖南與「邢洺等處」無涉，《寰
宇通志》卷五《順德府》云：澧河在任縣東十五里，上接南和縣，下流入真
定府隆平縣界。澧誤，今改，類編已校。」此河有隋代石橋碑，碑刻作「澧」。
另《（成化）順德府志》卷十「任縣‧山川」亦作「澧河」（邢臺市翻印本，
2007年，第191頁），今以此為準。
〔註50〕《元史》卷六五《河渠志二》，中華書局，1976年，第1627頁。

據近年地下水探測，今河北省鉅鹿、南宮、冀縣、束鹿、寧晉、隆堯、任縣等縣之間有一大湖澤遺跡，應為其址。秦代以後漸縮為南、北二泊，北為寧晉泊。明代寧晉泊在「寧晉、隆平二縣界」〔註51〕。「大陸澤，一名鉅鹿，在縣西北五里。《禹貢》曰：『恒衛既從，大陸既作。』按澤東西二十里，南北三十里，葭蘆菱蓮魚蟹之類，充牣其中。澤畔又有鹹泉，煮而成鹽，百姓資之。」〔註52〕宋代受黃河北流影響，大陸澤逐漸擴大。元代大陸澤資料較少，前述邢州趙大王佔據的任縣固城水寨當為大陸澤南泊。如是，從史天澤不易攻下的狀況判斷，則此時大陸澤面積較大。另外較知名的為白洋淀。明代記載白洋淀「周圍六十里，人以水勢汪洋，故名」〔註53〕，則可能元代已經不小。

第二節　河北平原的滹沱河

一、滹沱河文本記載

滹沱河名稱多有變化〔註54〕，又作滹沲河、徒駭河〔註55〕、惡池〔註56〕、清寧河〔註57〕、霍池、厚池等，發源於山西省繁峙縣太戲山（又作泰戲山），流入河北平原。據《戰國策》，滹沱河為燕南趙北雙方之界河。《山海經》卷三《北山經》使用神話故事演繹了滹沱河的來源：「又北三百里曰泰戲之山，

〔註51〕　（明）蔡懋昭：《（隆慶）趙州志》卷十《雜考·集覽》，《天一閣藏明代方志選刊》本。

〔註52〕　（唐）李吉甫：《元和郡縣圖志》卷一五《河東道》，賀次君點校，中華書局，1983年，第428頁。按《舊唐書》等，「邢州」應為「河北道」。

〔註53〕　（明）《（弘治）保定郡志》卷一二《山川·川》，《天一閣藏明代方志選刊》本。

〔註54〕　趙士舜主編：《石家莊地區水利志》，河北人民出版社，2000年。該書對滹沱河歷史的河道變遷分商周、戰國至西漢、東漢至清等時期作了分析（第140～142頁）。書中列舉了以下名稱：《山海經》名滹沱、《禮記》稱作惡池、《周記》作乎池（亦作滹池）、《漢志》都作滹沱、《史記》稱滹沱（也作亞沱）、《水經注》叫滹沱、韓非《初見篇》稱呼沲和《法言·五子篇》稱惡沱，《隋圖經》：魏改為清寧河（第140頁）。

〔註55〕　（清）傅澤洪：《行水金鑒》（商務印書館，1936年）言「成平縣（今河北省交河縣）滹沱河，民曰徒駭河」。據《禹貢》「徒駭在北」。則此時滹沱河屬於黃河水系。黃河南徙以後，獨流入海。

〔註56〕　《禮記》有言「晉人將有事於河，必先有事於惡池」。陶宗儀：《說郛》卷八五《金壺字考》：「惡池，音滹沱，水名」。

〔註57〕　按：樂史《太平寰宇記》卷六三《河北道十二》：曹魏時，刺史楊貝改為此名。

無草木，多金玉，有獸焉。其狀如羊，一角、一目，目在耳後。其名曰辣辣。其鳴自叫，滹沱之水出焉。而東流注於漊水。液女之水出於其陽，南流注於沁水。又北三百里曰石山，多藏金玉，濩濩之水出焉。而東流注於虖沱。鮮于之水出焉。而南流注於虖沱。」

關於滹沱河最經典的歷史故事當屬「滹沱冰」，主要述及漢光武帝劉秀逃脫赤眉起義軍王郎的追擊，《東觀漢紀》卷十《王霸列傳》對其描寫如下：

> 上從邯鄲避郎兵。晨夜馳馬。傳聞軍在後。士吏惶恐。南至下曲陽滹沱河。導吏言：「河水流澌，無船不可渡。」左右皆惶，畏爲郎所及。上令霸前瞻水。霸欲如實還報，恐驚官屬，雖不可渡，且臨水止，尚可爲阻。即白曰：「冰堅可渡。」眾大喜。上大笑曰：「果妄言也。」遂前，比至，冰合可渡。上令霸護渡。馬欲僵，各以囊盛沙布冰上，乃渡。渡未畢，數車而冰陷。上謂霸曰：「安吾眾能濟者，卿力也。」謂官屬曰：「王霸從我勞苦。前遇冰變，權時以安吏士。是天瑞也。爲善不賞，無以勸後。」即日以霸爲軍正，賜爵關內侯。

劉秀名其渡河處爲「危渡口」，此渡口位於深澤縣。這個故事被《後漢書》等記錄下來，《元和郡縣圖志》《太平寰宇記》等都加以引述。元代著名文人王惲主政晉州時，吟唱「一旦等蛙終漢虜，王郎區區安足數。蒼茫此日龍華渡，漠漠野煙生綠樹。留在長河閱世人，萬古朝宗浩東鶩」〔註 58〕。明代楊慎對「劉秀渡河冰合」與「後趙石勒攻擊劉曜冰泮」加以評論。〔註 59〕「滹沱冰」成爲由滹沱河演繹而出的最主要典故。

自宋代開始，對滹沱河的記載明顯強化。鄭樵《通志》卷四十《地理略序》開始有了詳細的說明：「滹沱水，班云出代郡鹵城東，至文安入海，過郡六，行千三百七十里。按：鹵城，今代州繁峙縣。其水東經定州深澤縣東南，即光武所度處，今俗謂之危度口。又東過瀛州、束城、平舒。開元中，盧暉於此引滹沱東入淇道溉漕。文安今隸霸州，若是入海，當在滄州界。」元代

〔註 58〕（元）王惲：《秋澗先生大全集》卷九《滹沱流澌行》，《元人文集珍本叢刊》本。另外，元代還有多名文人稱頌滹沱河的這一典故：曹伯啓（《曹文貞公集》卷八《過滹沱河》，《北京圖書館古籍珍本叢刊》本），「當年天意欲興劉，倏忽冰凝水不流。此日王郎如觧事，轆轤弓矢便宜休。」陳孚（《陳剛中詩集》卷二《過滹沱河》，《文淵閣四庫全書》本），「鉦鼓連天戰血紅，存亡只寄寸冰中。憑誰剪取鱗鱗碧，畫作雲臺第一功。」

〔註 59〕（明）楊慎：《升菴集》卷四九《冰泮冰合》，《文淵閣四庫全書》本。

黃鎮成編寫《尚書通考》對此照錄。宋元之交，王應麟遍考群書，對滹沱河作了較爲細緻的考證：

> 嘑沱，《地理志》滹池河自代郡鹵城縣代州繁畤縣，東至參合雲州，東至文安霸州入海，并州川。《隋圖經》云：「魏改曰清寧河。」光武紀注《山海經》云：「大戲之山，滹沱之水出焉。」在今代州繁畤縣，東流，經定州深澤縣今屬祁州，東南，即光武所度處，今俗猶謂之危度口。《九域志》「在深州域，舊在深州饒陽縣南。至曹操，因故瀆決，令北注新溝。今在饒陽北。」《禮記》惡池。《周禮》滹池。《正義》出繁畤縣東南，流經五臺山北，東南流過定州入海。《淮南·墜形訓》：呼池出魯平山名。《穆天子傳》「絕鈃山之隧，北循滹沱之陽。」《注》「今在雁門鹵城縣。」〔註60〕

清代陳儀編纂《直隸河渠志》爲我們提供了元代以前滹沱河的更多記載：「滹沱河源出山西代州繁畤縣泰戲山，流經太原盂縣北，始入直隸平山縣北，又東經靈壽縣南入正定縣界。《周禮·職方氏》：并州川，滹池。《戰國策》：趙攻中山，以擅滹沱。《後漢書·郡國志》蒲吾注：永平十年（67），作常山滹沱河蒲吾渠，通漕。《隋圖經》：魏改爲清寧河。《唐書·五行志》：永淳二年（683）八月，恒州滹沱河及山水暴溢害稼。開成元年（836）七月，鎮州滹沱河溢害稼。《堤防考》：宋天聖間，曹馬口堤壞，尋復修築。《金史·河渠志》：滹沱河，大定八年（1168）犯正定，命發民夫繕完堤岸。」

作爲河北地區的主要河流，滹沱河也引起元代文人騷客的詩興。「落日滹沱動旅吟」〔註61〕是對落日滹沱河景色的描寫。「遙臨滹水岸，回望土門關。秋色巉岩上，川形拱抱間」〔註62〕是對滹沱河地形的分析。「有事滹沱古，爲川浸迄今。蕭王冰渡急，馮異飯恩深。浪洶驚胡馬，星搖見嶽岑」〔註63〕是對滹沱河典故的述說。同樣，滹沱河也受到佛教人士的注意，臨濟大師「歸鎮州，築室滹沱河之上，今臨濟院是也」。〔註64〕

〔註60〕　（宋）王應麟：《通鑑地理通釋》卷十《七國形勢考·燕》，叢書集成初編本，商務印書館，1937年，第158頁。

〔註61〕　（元）王惲：《秋潤先生大全集》卷一四《鎮州懷古》，《元人文集珍本叢刊》本。

〔註62〕　（元）劉因：《靜修先生文集》卷四《丁亥集四·重渡滹沱》，四部叢刊本。

〔註63〕　（元）程端禮：《畏齋集》卷二《滹沱》，《文淵閣四庫全書》本。

〔註64〕　（元）趙孟頫：《松雪齋集》卷九《臨濟正宗之碑》，四部叢刊本。

二、滹沱河中下游區域及流向〔註65〕

滹沱河的上游主要在河東山西境內，「繁峙縣：滹沱河源出東南派阜山。《山海經》云滹沱之水東流注於婁水。《冀州圖》云又經繁畤故城西三里與五泉合，又西南入樓煩郡秀容界，又還入崞縣，又入秀容界東北，入五臺南，入恒山界。」〔註66〕滹沱河上游的河段雖「流稍延漫」，但由於處於山地，形成「循太行掠晉冀蜿蜒而東」〔註67〕的趨勢。但是在進入河北平原以後，由於地勢和人爲原因，同黃河類似，滹沱河在河北平原也是南北擺動的。其變換範圍，大致以藁城爲中點，南至寧晉泊，北到保定帶狀窪地之東西兩澱，即所謂「南不過泊，北不過澱」。滹沱河南徙時和漳河、滏陽河等合併，北就時和今天的大清河南支易水、唐河等合流。滹沱河故道大體可以分爲中、北、南三道：中道經藁城、晉縣、深縣及饒陽、武強間，中線以南爲南道系統，以北爲北線系統。按照滹沱河流域沖積扇的堆積情況，先行中道，再由南向北，後又自北向南，來回擺動。〔註68〕吳忱先生考察了滹沱河的河道變遷：自公元前 2500 年至戰國，滹沱河都流經北道。秦至西晉，滹沱河行中道。其中，秦、西漢、東漢，自饒陽東南下，自武強分多股河道東北行，至青縣往東北入海；曹魏時期，滹沱河本在饒陽縣南，因饒河舊堤潰，令北注新溝，遷移到縣北；西晉時期，主流仍行秦漢河道，但已有一部分河水在饒陽行北道。隋、唐時期，滹沱河在沖積扇上向南改道，行晉縣、深縣北，但下游自深縣北行，經饒陽、河間、任丘，在文安北與淶水、巨馬河匯，屬北道。北宋、金代，滹沱河雖有一部分仍行北道，但已有一大部分河水改爲東南行武強之道，行中道。同時，北宋時自藁城西往南分出一條河道（寖水），於寧晉南注入葫蘆河，屬南道。〔註69〕

爲維護漕運，金朝時期，滹沱河於景城縣匯入御河，稱爲交河〔註70〕。

〔註65〕 石超藝對明以前歷史時期滹沱河變遷的範圍和路線作了研究。見氏著《明以來海河南系水環境變遷研究》，復旦大學博士論文，2005 年，第 50～52 頁。

〔註66〕 （宋）樂史：《太平寰宇記》卷四九《河東道十》，《文淵閣四庫全書》本。

〔註67〕 （明）吳道南：《吳文恪公文集》卷五《滹沱河》，明崇禎吳之京刻本。

〔註68〕 中國科學院《中國自然地理》編輯委員會：《中國自然地理歷史自然地理》，科學出版社，1962 年，第 167 頁。

〔註69〕 吳忱、何乃華：《公元前 2000 年以來華北平原主要河流的變遷》，吳忱 等編：《華北平原古河道研究論文集》，中國科學技術出版社，1991 年，第 140 頁。

〔註70〕 （元）袁桷：《清容居士集》卷一八《建城夫子廟堂記》（四部叢刊本）「景城縣東南三十里有故城焉，曰建城。漢爲中水縣地。金大定中，以其地北臨滹沱，南薄御河，徙縣於今所。二水交流，名之曰交河焉。」

金大安二年（1210），滹沱河的一支自晉州鼓城縣轉徙南流。〔註71〕據吳忱考證：「金代，滹沱河分南、北二支，北支同隋唐故道；南支經秦故道（漢代主支）於青縣與漳河匯。另外，藁城西的㴮水仍同宋道。元代，滹沱河河道在武強以上，仍同金代，武強以下在西漢滹沱河主支與南支故道之間，大致循今老鹽河，高川以北行黑龍港河東支，於青縣匯入南運河。明代，滹沱河分南、中、北三支。」〔註72〕

　　按《太平寰宇記》，滹沱河中下游的主要支流有：衛水、滋水、白馬渠、鹿水、礓石河。元代河北段滹沱河的主要支流是冶河，「在眞定路平山縣西門外，經井陘縣流來本縣東北十里，入滹沱河。」〔註73〕冶河自平山縣，經井陘、眞定、欒城、趙州，流入寧晉泊。忽必烈晚年下令修治冶河，雖已安排丁夫，但由於其去世而作罷。次年，元朝疏濬冶河河道。冶河爲元代滹沱河最大的支流，也是造成滹沱河對眞定路危害的重要原因之一。泰定四年（1327）八月，元朝「滹沱河水溢，發丁濬冶河，以殺其勢」〔註74〕。挖掘河道期間，曾發現漢代賈復墓葬，並對其再加安葬。後三十年，郡官請監察御史楊俊民刻石，名曰「懷賢之碑」。〔註75〕冶河的治理需要和滹沱河結合起來，故而有「濬冶河，障滹沱，而眞定免決齧之患」〔註76〕之說。滹沱河支流另當有滋水、漳河、滏水、澧水等〔註77〕。

〔註71〕　王惲「至元庚辰」作詩《滹沱流漸行》（《秋澗先生大全集》卷九，《元人文集珍本叢刊》本）：「河自收國庚午，徙縣南行流，問諸父老，云，今七十有一年矣。」

〔註72〕　吳忱 等著：《華北平原古河道研究》，中國科學技術出版社，1991 年，第 82頁。

〔註73〕　《元史》卷六四《河渠志一》，中華書局，1976 年，第 1604 頁。

〔註74〕　《元史》卷三○《泰定帝二》，中華書局，1976 年，第 681 頁。

〔註75〕　（元）乃賢（乃賢，亦作廼賢，四庫全書作納新，以下均作乃賢）：《河朔訪古記》卷上《常山郡部》，《文淵閣四庫全書》本。該書未注明發現古墓年代，按蘇天爵《滋溪文稿》卷三《新樂縣壁里書院記》（陳高華、孟繁清點校，中華書局，1997 年，第 33 頁）「（至正）七年五月監察御史楊君俊民表以書院之號」等語判斷，時間當爲此次修治冶河。

〔註76〕　《元史》卷六四《河渠志一》，中華書局，1976 年，第 1588 頁。

〔註77〕　按：蘇天爵祖上因「滋水道其南」，而修建「滋溪書堂」於眞定新市，則滋水也當爲滹沱河支流。按：郭守敬《水利六事》（齊履謙《知太史院事郭公行狀》）「滏、漳二水合流處……合入澧河」「（澧）河自小王村經滹沱合入御河」等語，則漳水、滏水、澧河均爲滹沱河支流。

三、滹沱河的災害及其治理

由於河北季節性氣候差異較大，滹沱河「河身不甚深而水勢洪大，左右旁近地大率平漫。夏秋雨潦挾眾流而潰，往往成巨浸。水落則因其淺淤以爲功，修堤濬流，隨時補救，不能大治也。」〔註78〕見於正史的滹沱河泛濫最早記載是永徽五年（654），「六月，恒州大雨，自二日至七日。滹沱河水泛溢，損五千三百家。」〔註79〕隨著汴梁的崛起並定爲都城，再加上遼、宋南北的對峙，出於政治、軍事和經濟等方面的考慮，宋代對滹沱河治理的聲音明顯已經非常強勢。宋代滹沱河由眞定、深州、乾寧，與御河合。爲防止遼兵，「築堤儲水爲阻固。其後，益增廣之。凡並邊諸河，若滹沱、葫蘆、永濟等河皆匯於塘」〔註80〕。滹沱河成爲重要的戰略工具。宋朝都水監下設的北外都水丞司和河北轉運司聯合負責對河北地區水利的治理。

> 元豐四年（1081）正月，北外都水丞陳祐甫言：「滹沱自熙寧八年以後，泛濫深州諸邑，爲患甚大。諸司累相度不決，謂其下流舊入邊吳〔註81〕、宜子澱，最爲便順。而屯田司懼塡於塘濼，煩文往復，無所適從。昨差官計之，若障入胡盧河，約用工千六百萬；若治程昉新河，約用工六百萬；若依舊入邊吳等澱，約用工二十九萬。其工費固已相遠。乞嚴立期會，定歸一策。」詔河北屯田轉運司同北外都水丞司相視。

> 五年（1082）八月癸酉，前河北轉運副使周革言：「熙寧中，程昉於眞定府中渡創繫浮梁，增費數倍。既非形勢控扼，請歲八九月易以版橋至四五月，防河即拆去，權用船渡。」從之。〔註82〕

從前述文本、官員品論、採取措施等多方面可以看出，宋代人對滹沱河重視有加。

〔註78〕（清）張廷玉等：《明史》卷八七《河渠五》，中華書局，1974年，第2135頁。

〔註79〕（五代）劉昫等：《舊唐書》卷三七《五行》，中華書局，1975年，第1352頁。

〔註80〕（元）脫脫等：《宋史》卷九五《志四十八・河渠五》，中華書局，1975年，第2359頁。

〔註81〕（清）穆彰阿等：（嘉慶）《大清一統志》卷十三《保定府・山川》（四部叢刊本）：「邊吳泊，在安州（今河北高陽縣東）西南，亦曰邊吳澱，今淹。」安州，今河北高陽縣東。

〔註82〕（元）脫脫等：《宋史》卷九五《志四十八・河渠五》，中華書局，1975年，第2352～2353頁。

全有河北地區的金王朝時代，滹沱河依舊帶來災難，主要是大定八年（1168）和十七年（1177）兩次對眞定造成的災害。大定八年六月，滹沱河犯眞定，命發河北西路及河間、太原、冀州民夫兩萬八千，繕完其堤岸。大定十年（1170）二月，金朝專門設置二員滹沱河巡河官。大定十七年（1277），滹沱河潰決於白馬崗，金朝調發眞定五百里內民夫，以十八年（1178）二月一日興役。〔註83〕

元人王惲爲我們描述了雨季滹沱河的漲勢、難民悲慘生活及其人類面對自然的無奈：

> 君不聞：蒙莊説秋水，雨淶猶見馬與牛。今年滹沱水大漲，墟落潊潊生魚頭。雲蒸老雨注萬壑，上不少止下可憂。馮夷不受上所制，黑浪怒蹴黿鼉遊。望洋東視誇海若，似憤蛙比跳躍井坎湫。金行氣肅坎宜縮，狂瀾不逐西風收。東行我濟小范口，水勢淼瀁方淫流。秋水盡爲魚鱉餌，廬舍漂蕩迷田疇。二年旱暵例乏食，彼稷幸得逢今秋。嗟哉一飯到口角，淹沒無望將誰尤。河防久廢不復古，惟預楗治爲良疇。翻堤決岸勢不已，雖有人力誰能謀。近年遇災幸無事，其或有患徒嗟謳。兩河農民被災者，逃避無所棲林丘。夜深投宿聞聚哭，悲聲暗與蟲聲啾。〔註84〕

元代滹沱河泛濫最大的危害主要是針對眞定城。大體而言，眞定路官府是滹沱河治理的中堅。其上有都水監和廉訪司給與指導，其下有瀕河州縣官及本土耆老給與支持。〔註85〕早在元初，劉肅就注意到滹沱河的危害，「城西木方堤堰，歲久缺壞。公（劉肅）行視，急修之，撤沙易土，植柳其上。秋果大雨，滹沱水至無害，郡人德之。」〔註86〕皇慶元年（1312），保定王君先循河故堤水落，多月先期補其缺頹，霖雨到來之際，則「河不橫流」〔註87〕。至治二年（1322），「太行以南壑谷諸流乘高直灌冶河而下，合滹沱、滋陽二水，奔放橫溢，蓋將澤鎮定，而後被於瀛易。向之禾黍既化蛙坎，則爲是數州之民生意殆極。」〔註88〕嚴重災難引起朝廷重視，派遣朝臣前往視察災情。

〔註83〕（元）脱脱等：《金史》卷二七《河渠志》，中華書局，1975年，第688頁。
〔註84〕（元）王惲：《秋澗先生大全集》卷九《滹沱秋漲行》，《元人文集珍本叢刊》本。
〔註85〕《元史》卷六四《河渠志一》，中華書局，1976年，第1607頁。
〔註86〕（元）蘇天爵：《元朝名臣事略》卷一〇《尚書劉文獻公肅》，姚景安點校本，中華書局，1996年，第199頁。
〔註87〕（元）袁桷：《清容居士集》卷一八《建城夫子廟堂記》，四部叢刊本。
〔註88〕（元）柳貫：《柳待制文集》卷一六《送王吏部簽憲燕南序》，四部叢刊本。

次年，王景先以吏部侍郎的身份爲燕南河北道廉訪司使。災荒年月，朝廷派官巡視，一爲勸民「毋以困悴爲傷」，一爲問官「愼簡憲僚之意」，〔註89〕從而維護災區社會穩定。

修治水利，除了國家財政撥款以外，當然還需要地方派遣民工和提供一些必備工具。如果眞定本地民工不足，則往往於附近順德路調發。日給民夫中統鈔一兩五錢。如佔用民田，官府負責給與賠償。草墊、葦席、畚箕、鍤等之類的勞動工具當然需要當地政府供應，地方政府往往也由此爭議不斷〔註90〕。修治、疏濬河道的時間一般爲冬閒時節，但有時冬天氣候寒冷，難以開工，往往於來春再次動工。值得一提的是，在處理滹沱河災害措施上，元朝政府還實施了冊封河神的手段。張起岩爲燕南河北道廉訪使，「滹沱河水爲眞定害，起岩請封河神爲侯爵，而移文責之，復修其堤防，淪其淹鬱，水患遂息」〔註91〕。至正元年（1341）十二月，「以翰林學士承旨張起岩知經筵事。是月復立司禮監，加封眞定路滹沱河神爲昭祐靈源侯」〔註92〕。這一手段，無疑和歷代冊封五嶽四瀆的情景相似。

元代滹沱河災害狀況表

時　間	災　害	措　施	出　處
至大元年（1308）七月	水漂南關百餘家		《元史·河渠志》
延祐七年（1320）八月	滹沱河溢害稼		《元史·五行志》
至治元年（1321）	滹沱河溢		《元史·英宗本紀》
至治二年（1322）		修滹沱河堤	《元史·英宗本紀》
泰定元年（1324）	滹沱河溢漂民廬舍		《元史·泰定帝本紀》
泰定二年（1325）		修滹沱河堰	《元史·泰定帝本紀》

〔註89〕（元）柳貫：《柳待制文集》卷一六《送王吏部簽憲燕南序》，四部叢刊本。

〔註90〕（元）蘇天爵：《滋溪文稿》卷一八《無極縣尹唐侯去思碑銘》（陳高華、孟繁清點校，中華書局，1997年，第306頁）：「眞定當滹沱之衝，夏秋水爲城患。春則豫修堤防。葛葦之費、畚鍤之勞，均於其屬。而中山所領縣三，安喜當其十之六，無極、新樂當其四。後以新樂驛傳所置得免。無極獨當其四，近歲安喜請於會府，又免其三。無極遂當十之七。侯奮然曰：同爲民也，爲上者當均其役，豈宜利彼而病此乎。是彼能愛民而我不能也。乃列狀數百言，陳於會府。遂仍其舊，斯則侯之永久有利於民者也。」

〔註91〕《元史》卷一八二《張起岩傳》，中華書局，1976年，第4195頁。

〔註92〕《元史》卷四〇《順帝本紀三》，中華書局，1976年，第862～863頁。

時　間	災　害	措　施	出　處
泰定四年（1327）	滹沱河水溢	發丁濬治河，以殺其勢。	《元史・泰定帝本紀》
至順三年（1332）	滹沱河決，沒河間、清州等處屯田四十三頃。		《元史・文宗本紀》
至正二年（1342）		立司禋監，加封眞定路滹沱河神爲昭祐靈源侯	《元史・順帝本紀》

第三節　直隸省部地區御河

　　人類利用和改造水利資源的奮鬥史與其他很多專門史一起構成了人類社會豐富多彩的歷史長卷。大禹「至於大陸，播爲九河。同爲逆河，入於渤海」〔註93〕，此舉可謂由河北走向全國乃至世界的治水文化典範。如果說大禹治水是引導自然環境「不爲民害」不得已而爲之的創造，那麼運河等人工河流的開鑿就是人類主動改造自然「爲國所用」的更新。運河的產生又使得原有的塊狀地域發生改變，甚至產生新的縱向帶狀區域，「由運河交通帶來的異地文化與本土源文化的融匯碰撞，使運河區域與周邊其他區域產生了文化上的差異，運河區域文化由此形成」〔註94〕。御河是大運河主要構成部分，也可以說是河北運河的主幹，是貫通河北主要河流的大動脈，「欲知其地之厚薄、食之多寡，故亦以地利言之」〔註95〕，對該地區地理環境發展非常重要。對元代直隸省部地區御河〔註96〕變遷的考察，勢必成爲區域認知的重要一節。

〔註93〕　（漢）司馬遷：《史記》卷二九《河渠書七》，中華書局，1975年，第1405頁。
〔註94〕　李泉：《中國運河文化的形成及其演進》，《東嶽論叢》2008年第3期。
〔註95〕　（宋）陳祥道：《禮書》卷二五《鄉遂都鄙三等之地》，《文淵閣四庫全書》本。
〔註96〕　御河的最早名稱來源於隋代，《隋書》卷二四《食貨志》言：隋煬帝「開渠引谷洛水自苑西入，而東注於洛。又自板渚引河達於淮、海，謂之御河。河畔築御道，樹以柳。」另：徐堅等撰《初學記》卷六《地部中・河第三》（《文淵閣四庫全書》本）：「隋煬帝於衛縣，因淇水之入河，立淇門，以通河，東北行，得禹九河之故道，隋人謂之御河。」其後，御河成爲一種名稱沿用下來，但不同時期所指又有所差別。大體而言，主要是指現在的衛河，鈕仲勳先生指出：「魏晉南北朝時的白溝，隋唐時的永濟渠，宋、金、元時的御河，明以後的衛河。」參見：鈕仲勳：《衛河的形成及其相關問題》，《河南大學學報》1985年第1期。
　　　　按：《元史》卷六四《河渠志一・御河》「御河，自大名路魏縣界經元城縣泉

關於元代御河，學界從漕運、交通等角度有過研究〔註 97〕，茲在此基礎上，對元代御河的貫通和管理加以考察。

一、元以前河北地區的御河

《左傳》所言公元前 486 年的「吳城邗溝通江淮」爲中國大運河之肇始。曹魏時期「鑿渠引漳水入白溝以通河」「鑿渠自呼沱入泒水名平虜渠」〔註 98〕，是河北地區早期的運河。元大都的漕運也發端於曹魏時期，元人曾云「幽之漕肇乎魏武」〔註 99〕。曹魏時期的白溝、平虜渠已經把河北地區的水利納入到華北平原的視野之中，而隋代的大運河卻把河北地區的水利納入統一王朝南北大運河一部分，爲以後元、明、清王朝北方對南方的政治、軍事的控制以及雙方經濟、文化的交流書寫了新的一頁。隋代大運河的永濟渠在河北境內。關於永濟渠概況，史載「永濟縣……本漢貝邱縣地，臨清縣之南偏，大曆七年（772），田承嗣奏於張橋行市置，西井永濟渠，故以爲名。永濟渠，在縣西郭內。闊一百七十尺，深二丈四尺。南自汲郡引清、淇二水，東北入白溝，穿此縣入臨清。按漢武帝時，河決館陶，分爲屯氏河，東北經貝州、冀州而入渤海。此渠蓋屯氏古瀆，隋氏修之，因名永濟。」〔註 100〕 由此可知，永濟渠由漢代屯氏河改修而來。永濟渠的開鑿耗費了河北巨大的人力，「（大業）四年（608）春正月乙巳，詔發河北諸郡男女百餘萬開永濟渠，引沁水南達於河，

源鄉於村度，南北約十里，東北流至包家渡，下接館陶縣界三口。御河上從交河縣，下入清池縣界。又永濟河在清池縣西三十里，自南皮縣來，入清州，今呼爲御河也。」《新元史》卷五三《河渠志二·御河》：「御河，出輝州蘇門山，經新鄉汲縣而東，至大名路濬州淇水入之，名爲御河。經凡城縣東北，流入濟寧路館陶縣西，與漳水合，又東北至臨清縣，與會通河合。從河間路交河縣北入清池縣界，永濟河入之。又北至清州靜海縣，會白河入於海。」可以認定，元代御河大多都在直隸省部地區。

另據《元史》卷六四《河渠志一·灤河》有「（上都）城南御河」，則元代另有上都御河，因資料有限，此處不再探討。

〔註 97〕 袁國藩：《元初河漕轉變之研究》，《遼金元史研究論集》，大陸雜誌史學書第二輯第三冊，第 119～124 頁。默書民：《中書省所轄大都以南地區站道研究》，《元史論叢》第十一輯，天津古籍出版社，2009 年，第 250～254 頁。

〔註 98〕 （晉）陳壽：《三國志·魏志》卷一《武帝》，中華書局，1959 年，第 28 頁。

〔註 99〕 《都漕運使司同知趙公去思碑》，齊心主編：《北京元代史蹟圖志》，北京燕山出版社，2009 年，第 144 頁。

〔註 100〕 （唐）李吉甫：《元和郡縣圖志》卷一六《河北道一·貝州》，賀次君點校，中華書局，1983 年，第 466 頁。

北通涿郡」〔註101〕。關於隋代永濟渠的起點，學界有所爭議〔註102〕，此處不再探討。唐代永濟渠流經館陶、內黃、洹水、永濟、臨清、清河、漳南、長河等地〔註103〕。永徽年間（650～656），魏州（元代大名路）刺史李靈龜「開永濟渠入於新市，以控引商旅，百姓利之」〔註104〕。開元二十八年（740年）刺史盧暉「開通濟渠自石灰窰引流至州城西都，注魏橋、夾州，製樓百餘間，以貯江淮之貨。」〔註105〕二位刺史從運河經濟的角度確定大名的發展，從而大名一躍而成爲重要的經濟中心，宋代名望顯赫的北京。其後，歷經金元明清，大名的經濟一直持續到近代運河的式微。值得一提的是，唐代「河北營田使姜師度，循魏故跡並海鑿渠開泊淇，以通餉路」〔註106〕。此舉爲元代大都路漕運奠定了基礎。

　　北宋都汴梁，遼與宋以白溝爲界。其時，河北最爲雙方倚重（關於遼國對御河的作爲，因資料所限無法描述。或因此時御河主體在宋，遼代相關史料欠缺）。北宋御河河道「源出衛州共城縣百門泉。自通利乾寧入界河，達於海。」〔註107〕通過御河連同滹沱河、易水北達到界河（拒馬河，又稱白溝），北宋沿邊州郡多可水路到達，是爲「御河本爲薊燕漕運計」〔註108〕，其對抗遼國的軍事意圖明顯。河北即爲邊防重地，氣候、地形因素，往往旱澇頻仍，所以北宋朝廷在御河治理問題上較爲愼重，「（熙寧）三年（1070）正月，韓琦言：『河朔累經災傷，雖得去年夏秋一稔，瘡痍未復，而六州之人，奔走河役，遠者十一二程，近者不下七八程。比常歲勞費過倍，兼鎮、趙兩州，舊以次邊，未嘗差夫，一旦調發，人心不安。又於寒食後，入役比滿一月，正

〔註101〕　（唐）魏徵等：《隋書》卷三《煬帝上》，中華書局，1973年，第70頁。
〔註102〕　岑仲勉：《黃河變遷史》，人民出版社，1957年，304～307頁。潘鏞：《隋唐時期的運河和漕運》，三秦出版社，1986年，第47頁。安作璋主編：《中國運河文化史》，山東教育出版社，2001年，第296頁。
〔註103〕　（唐）李吉甫：《元和郡縣圖志》卷一六《河北道一》，卷一七《河北道二》，賀次君點校，中華書局，1983年。
〔註104〕　（五代）劉昫等：《舊唐書》卷六四《楚王智雲傳》，中華書局，1975年，第2423頁。
〔註105〕　（宋）王溥：《唐會要》卷八七《漕運》，叢書集成本。另見歐陽修等著《新唐書》卷三九《地理志》。
〔註106〕　（元）《都漕運使司同知趙公去思碑》，齊心主編：《北京元代史蹟圖志》，北京燕山出版社，2009年，第144頁。
〔註107〕　（元）脫脫等：《宋史》卷九五《河渠志四十五·御河》，中華書局，1977年，第2353頁。
〔註108〕　（宋）王鞏：《聞見近錄》，《文淵閣四庫全書》本。

妨農務。』」〔註109〕由韓琦的上書可以看出,北宋治理御河既要考慮到經濟、地理等問題,更需要照顧邊防的穩定傾向。宋代對於御河最大的工程爲引黃河水注入御河,熙寧八年(1075)都大提舉黃、御等河官程昉與都水監丞劉璯以此工程「其利有五」言於朝廷〔註110〕,並獲得支持。次年秋,工程完畢。然這次工程,也受到時人的非議,大名安撫使文彥博上報:

> 去秋開舊沙河,取黃河行運,欲通江、淮舟楫,徹於河北極邊。自今春開口放水,後來漲落不定,所行舟筏皆輕載,有害無利,枉費工料極多。今御河上源止是百門泉水,其勢壯猛,至衛州以下,可勝三四百斛之舟,四時行運,未嘗阻滯。堤防不至高厚,亦無水患。今乃取黃河水以益之,大即不能吞納,必致決溢,小則緩漫淺澀,必致淤澱。凡上下千餘里,必難歲歲開濬。況此河穿北京城中,利害易睹。今始初冬,已見阻滯,恐年歲間,反壞久來行運。償謂通江、淮之漕,即尤不然。自江、浙、淮、汴入黃河,順流而下,又合於御河,大約歲不過一百萬斛。若自汴順流徑入黃河,達於北京。自北京和雇車乘,陸行入倉,約用錢五六千緡,却於御河裝載赴邊城。其省工役、物料及河清衣糧之費,不可勝計。
>
> 又去冬,外監丞欲於北京黃河新堤開置水口,以通行運,其策尤疏。此乃熙寧四年秋黃河下注御河之處。當時朝廷選差近臣,督役修塞,所費不貲。大名、恩冀之人,至今瘡痍未平,今奈何反欲開口導水耶?都水監雖令所屬相視,而官吏恐忤建謀之官,止作遷延,回報謂俟修固御河堤防,方議開置河口。況御河堤道,僅如蔡河之類。若欲吞納河水,須如汴岸增修,猶恐不能制蓄。〔註111〕

因河北冬夏季節河流「漲落不定」,極易產生水患,後來事實誠如文彥博所言,黃河水注入御河,出現因大水沖決御河而終止航運的後果。其後,宋

〔註109〕（元）脫脫等:《宋史》卷九五《河渠志四十五·御河》,中華書局,1977年,第2354頁。

〔註110〕（元）脫脫等:《宋史》卷九五《河渠志四十五·御河》(中華書局,1977年,第2354頁)「其利有五:王供危急,免河勢變移別開口地,一也。漕舟出汴,橫絕沙河,免大河風濤之患,二也。沙河引水入於御河,大河漲溢,沙河自有限節,三也。御河漲溢,有斗門啓閉,無沖注淤塞之弊,四也。德、博舟運,免數百里大河之險,五也。」

〔註111〕（元）脫脫等:《宋史》卷九五《河渠志四十五·御河》,中華書局,1977年,第2354~2355頁。

朝數度傾力於此，但御河的治理一直沒有奏效。北宋末期，「御河的地位已一落千丈，完全失去了往日的漕運意義」〔註112〕。宋人致力於御河的所作所為，顯示了河北地區水利治理的左右為難。

完全佔領河北的金朝時期，黃河改道，御河又被重用。金朝御河〔註113〕水道為「漳水東北為御河，則通蘇門、獲嘉、新鄉、衛州、濬州、黎陽、衛縣、彰德、磁州、洺州之饋。」金都於燕，依靠運河「以通山東、河北之粟。凡諸路瀕河之城，則置倉以貯傍郡之稅。若恩州之臨清、歷亭，景州之將陵、東光，清州之興濟、會川，獻州及深州之武強，是六州諸縣皆置倉之地也」。因通州至中都陸路運輸艱難，金朝也曾致力於水運，「自通州而上，地峻而水不留，其勢易淺，舟膠不行，故常從事陸挽，人頗艱之。世宗之世，言者請開盧溝、金口，以通漕運，役眾數年，竟無成功。」〔註114〕這次開河雖然奏效不大，但元代通惠河「置閘之處，往往於地中，偶值舊時磚木」〔註115〕，說明金朝發展中都運河做出相應貢獻〔註116〕。

二、元代河北地區御河的貫通

金末元初，戰爭頻仍，金蒙雙方均無暇顧及運河修理。以至「清州之南，景州以北，頹闕岸口三十餘處，淤塞河流十五里」〔註117〕。1233年，蒙古滅金之際，徵召四千民夫，修築濬滌，御河才得以行舟。然而，這次修復之後，由於缺乏相應機構管理，致使「滄州地分，水面高於平地，全藉堤堰防護。其園圃之家掘堤作井，深至丈餘，或二丈，引水以溉蔬花。復有瀕河人民就堤取土，漸至闕破，走泄水勢，不惟澀行舟，妨運糧，或致漂民居，沒禾稼。其長蘆以北，索家馬頭之南，水內暗藏椿橛，破舟船，壞糧物。」〔註118〕如此破壞河堤，大大影響了國家漕運。至元三年（1266）都水監就此事上報朝廷，最後決議「瀕河州縣佐貳之官兼河防事，於各地分巡視，如有闕破，即率眾修治，拔去椿橛，仍禁園

〔註112〕 李月紅：《北宋時期河北地區的御河》，《中國歷史地理論叢》2000年第4期。
〔註113〕 關於金代御河的漕運問題，參見：吳宏岐：《略論金代的漕運》，《中國歷史地理論叢》1994年第3期。
〔註114〕 本段未注明者均引自《金史》卷二七《河渠志·漕運》。
〔註115〕 （元）齊履謙：《知太史院事郭公行狀》，蘇天爵：《元文類》卷五〇，商務印書館，1936年，第721頁。
〔註116〕 舒順林：《元代溝通南北的運河漕運》，《陰山學刊》1990年第3期。
〔註117〕 《元史》卷六四《河渠志一·御河》，中華書局，1976年，第1600頁。
〔註118〕 《元史》卷六四《河渠志一·御河》，中華書局，1976年，第1600頁。

圉之家毋穿堤作井，栽樹取土。都省准議」〔註119〕。

　　在滅亡南宋的過程中，河北地區作爲「耕以供軍」〔註120〕的軍需之地，大批軍糧需要南運。至元十二年（1275），爲減輕運送軍糧負擔，伯顏建議設立水站。郭守敬負責該項工作，設計了以御河爲主的運輸河道，「自陵州至大名，又自濟州至沛縣，又南至呂梁，又自東平至綱城，又自東平清河，逾黃河故道，至與御河相接。又自衛州御河至東平，又自東平西南水泊至御河。乃得濟州、大名、東平泗汶與御河相通形勢，爲圖奏之。」〔註121〕郭守敬爲順德邢臺人，青年時代就開始關注御河治理問題，並做過相關考察。早在中統三年（1262年），忽必烈召見之際，郭守敬面陳水利六事，其中三、四、五事均與御河有關，「其三，順德澧河東至古任城，失其故道，沒民田千三百餘頃。此水開修成河，其田即可耕種，自小王村經滹沱，合入御河，通行舟筏。其四，磁州東北滏、漳二水合流處，引水由滏陽、邯鄲、洺州、永年下經雞澤，合入澧河，可灌田三千餘頃。其五，懷、孟沁河，雖澆灌，猶有漏堰餘水，東與丹河餘水相合。引東流，至武陟縣北，合入御河，可灌田二千餘頃。」〔註122〕此處，郭守敬在大力強調引水灌田的同時，簡略談及擴大御河水源「通行舟筏」。

　　至元十三年（1276）滅亡南宋之後，丞相伯顏深感於南方漕運之發達，不僅對樞密副使張易、同知趙良弼表達自己的願望，而且上奏忽必烈：「江南城郭郊野，市井相屬，川渠交通，凡物皆以舟載，比之車乘，任重而力省。今南北混一，宜穿鑿河渠，令四海之水相通。遠方朝貢京師者，皆由此致達。誠國家永久之利。」〔註123〕此舉得到忽必烈的支持。元朝遂將漕糧裝載船隻，「自浙西涉江入淮，由黃河逆水至中灤旱站，般（搬）至淇門入御何，接運赴都」〔註124〕。袁冀先生考證該路線爲「自長江，經古之邗溝，達於淮河。復自淮河逆宋河之南派，至於中灤。再自中灤陸運至淇門，順御河至直沽，

〔註119〕《元史》卷六四《河渠志一・御河》，中華書局，1976年，第1600頁。
〔註120〕《元史》卷一五六《董文炳傳》，中華書局，1976年，第3670頁。
〔註121〕（元）齊履謙：《知太史院事郭公行狀》，蘇天爵：《元文類》卷五〇，商務印書館，1936年，第716頁。
〔註122〕（元）齊履謙：《知太史院事郭公行狀》，蘇天爵：《元文類》卷五〇，商務印書館，1936年，第715頁。
〔註123〕（元）蘇天爵：《元朝名臣事略》卷二《丞相淮安忠武王》，姚景安點校本，中華書局，1996年，第20頁。
〔註124〕《經世大典・海運篇》，《永樂大典》卷一五九四九。另見《元史》卷九三《食貨志一・海運》：「自浙西涉江入淮，由黃河逆水至中灤旱站，陸運至淇門，入御河，以達於京。」

然後經白河達通州,陸挽京師。」〔註125〕

至元二十年（1283），濟州河通航,「運糧則自浙西涉江入淮,由黃河逆水至中灤旱站,陸運至淇門,入御河,以達於京」的狀況改變爲「自淮至新開河,由大清河至利津,河入海,因海口沙壅,又從東阿旱站運至臨清,入御河。」〔註126〕至元二十六年（1289），會通河開鑿成功。會通河,「起於須城安山之西南,止於臨清之御河」〔註127〕。濟州河和會通河的開鑿使大運河去彎取直,比原來走衛州御河大爲便捷。是爲自隋朝以來重大變遷,其南北直線貫穿的作用使得南北經濟和政治中心得以直線連接。

鑒於自通州至大都的五十里路程尙需要勞費民力,至元二十八年（1291），郭守敬奉詔開鑿興修該段水利,「上自昌平縣白浮村引神山泉,西折南轉,過雙塔、榆河、一畝、玉泉諸水,至西門入都城,南匯爲積水潭,東南出文明門,東至通州高麗莊入白河」〔註128〕。通惠河的完成,忽必烈大爲讚賞,「車駕還自上都,過積水潭,見其舳艫蔽水,天顏爲之開懌」〔註129〕。由此形成元人所謂「國脈」,「宣洩得所,由嶺海至京師,順風張帆,鼓行萬里,卒無壅滯之虞」〔註130〕。

「近日船行御河裏,順流日日南風喜」〔註131〕顯示了元人對御河的讚譽。至此,元大都通往江南地區的水路航道全線貫通,北方的水運路線大體爲「自大都向東行,沿通惠河至通州,東南行沿潞水經楊村、直沽入御河,沿御河至臨清會通鎮入會通河、濟州河至徐州入黃河」〔註132〕。

元代爲自隋朝以來中國大運河的重大變遷時期,自此,大運河直接貫通南北,成爲南方經濟中心和北方政治中心連接的核心紐帶,一直影響著元明

〔註125〕 袁國藩:《元初河漕轉變之研究》,《遼金元史研究論集》,大陸雜誌史學書第二輯第三冊,第119頁。

〔註126〕 《元史》卷九三《海運》,中華書局,1976年,第2364頁。

〔註127〕 《元史》卷六四《河渠志一·會通河》,中華書局,1976年,第1608頁。

〔註128〕 《元史》卷六四《河渠志一·通惠河》,中華書局,1976年,第1588頁。

〔註129〕 （元）齊履謙:《知太史院事郭公行狀》,蘇天爵:《元文類》卷五〇,商務印書館,1936年,第721頁。

〔註130〕 （元）趙文昌:《孟陽泊閘記》,《山東通志》卷三五之十九（上）,《文淵閣四庫全書》本。

〔註131〕 （元）傅若金:《傅與礪詩集》卷三《覆舟歎》,《北京圖書館古籍珍本叢刊》本。

〔註132〕 默書民:《中書省所轄大都以南地區站道研究》,《元史論叢》第十一輯,天津古籍出版社,2009年,第250頁。

清政治、經濟，乃至文化。其中直隸省部地區的御河是大運河的重要河段，是把河北地區的河流納入到國家層面的一個重要媒介，是河北成爲直隸地區的自然地理根基。

三、元朝對御河的管理

「元都於燕，去江南極遠，而百司庶府之繁，衛士編民之眾，無不仰給於江南」〔註133〕，而「附京地寒不可以麥，歲用不啻數千萬斛，止仰御河上下商販以資京畿」〔註134〕，御河完全可以說是大都的生命線，「大都裏每年百姓食用的糧食，多一半是客人從迤南御河裏搬將這裏來賣有。來的多呵賤，來的少呵貴有」〔註135〕。由此可見，管理御河事宜的權重。河北氣候季節差異而形成的御河河道水源與農業生產所需水利灌漑成爲一個難以調和的矛盾，往往造成該地區的河流大多「伏槽之時，水勢似緩，觀之不足爲害，一遇霖潦，湍浪迅猛」〔註136〕。河水流量的過和不及直接連帶影響著御河，「諸處水源淺澀，御河之源尤淺澀。假諸水之助，重船上不能過唐莊，下不能過楊村。償又分眾水以灌田，每年五六百萬石之糧運、數千隻之鹽船必不可行。」〔註137〕元朝對御河管理也主要是針對這兩個方面進行的。

元朝水利管理部門爲都水監，大德十年（1306）「正月，省臣奏准，昨都水監升正三品，添官二員，鑄分監印，巡視御河，修缺潰，疏淺澀，禁民船越次亂行者，今擬就令分巡提點修治。」〔註138〕都水監下有都水分監管理御河事務並提點黃河。至大三年（1310），河南河北道廉防司就黃河泛濫上奏中書省。都水監答覆：「黃河泛漲，止是一事，難與會通河有壩閘漕運分監守治爲比。先爲御河添官降印，兼提點黃河，若使專一，分監在彼，則有妨御河公事。」〔註139〕由此，御河對於國家之關鍵及都水監對其重視程度可見一斑。都水監管理御河的主要措施是保障御河河道正常。至元三

〔註133〕《元史》卷九三《海運》，中華書局，1976年，第2364頁。

〔註134〕（元）王惲：《秋潤先生大全集》卷八六《論范陽種麥事狀》，《元人文集珍本叢刊》本。

〔註135〕《通知條格》卷二八《雜令·拘滯車船》，黃時鑒點校本，浙江古籍出版社，1986年，第288頁。

〔註136〕《元史》卷六五《河渠志二·黃河》，中華書局，1976年，第1620頁。

〔註137〕（元）胡祇遹：《紫山大全集》卷二二《論司農司》，《三怡堂叢書》本。

〔註138〕《元史》卷六五《河渠志二·黃河》，中華書局，1976年，第1621頁。

〔註139〕《元史》卷六五《河渠志二·黃河》，中華書局，1976年，第1621頁。

年（1266）七月六日，都水監上奏：「滄州地分，水面高於平地，全藉堤堰防護。其園圃之家掘堤作井，深至丈餘，或二丈，引水以溉蔬花。復有瀕河人民就堤取土，漸至闕破，走泄水勢，不惟澀行舟，妨運糧，或致漂民居，沒禾稼。其長蘆以北，索家馬頭之南，水內暗藏椿橛，破舟船，壞糧物。」中書省最後商定：「以濱河州縣佐貳之官兼河防事，於各地分巡視，如有闕破，即率眾修治，拔去椿橛，仍禁園圃之家毋穿堤作井，栽樹取土。」〔註140〕都水監所陳奏的事務主要是從維護漕運和保護沿河居民不受水害侵襲兩個角度考慮的。

　　另外，元朝設有專司御河漕運機構——都漕運使司，「都漕運使司，秩正三品，掌御河上下至直沽、河西務、李二寺、通州等處攢運糧斛。至元二十四年（1287），自京畿運司分立都漕運司，於河西務置總司，分司臨清。」〔註141〕最早提議設立御河漕運司的或為胡祗遹，「開御河，立漕運，豐實京師倉廩」〔註142〕。至元三年（1266）十一月，元朝「瀕御河立漕倉」〔註143〕。至元二十年（1283）十月，為方便漕運，專門設立「東阿至御河水陸驛」〔註144〕，負責糧食運輸水路運轉換。與諸色戶計制度相一致，元朝在御河沿岸地區設置「御河船戶」〔註145〕，專司漕運事宜。作為物資保障通道，災荒年月，御

〔註140〕《元史》卷六四《河渠志一·御河》，中華書局，1976年，第1600頁。
〔註141〕《元史》卷八五《百官志一》，中華書局，1976年，第2132頁。元朝還專門設置「京畿都漕運使司」，管理大都地區漕運之事。《元史》卷八五《百官志一》：「京畿都漕運使司，秩正三品。運使二員，正三品；同知二員，正四品；副使二員，正五品；判官二員，正六品；經歷一員，正七品；知事一員，從八品，提控案牘兼照磨二員，掌凡漕運之事。世祖中統二年，初立軍儲所，尋改漕運所。至元五年，改漕運司，秩五品。十二年，改都漕運司，秩五品。十九年，改京畿都漕運使司，秩正三品。二十四年，內外分立兩運司，而京畿都漕運司之額如舊。止領在京諸倉出納糧斛，及新運糧提舉司站車攢運公事。」王輝祖《元史本證》卷十《證誤十·百官志一》（中華書局點校本，1984年，第89頁）言：「京畿都漕運使司。中統二年初立軍儲所，尋改漕運所。至元五年改漕運司。十二年改都漕運司。十九年改京畿都漕運使司。按紀：『至元元年立漕運司，十五年罷漕運司以其事隸行中書省』。俱與此異，豈別一官耶。」待考。
〔註142〕（元）胡祗遹：《紫山大全集》卷二一《政事》，《三怡堂叢書》本。
〔註143〕《元史》卷六《世祖本紀三》，中華書局，1976年，第112頁。
〔註144〕《元史》卷一二《世祖本紀九》，中華書局，1976年，第257頁。
〔註145〕《元史》卷一二《世祖本紀九》有「發粟賑御河船戶」的記載。船戶早在唐代就已出現，宋代保甲制度規定「立水居船戶，五戶至十戶為一甲」（《宋史·神宗本紀》，至於元代船戶設置的時間、服役義務等問題，待考。

河可以「濟窮民之一端」〔註146〕。

　　同黃河等北方河流一致，御河往往也會給流經區域帶來旱、澇等負面影響。針對御河漂民廬舍、害民田畝的禍患，元朝除了免除租賦、日給糧餉等減災措施外，也從御河的日常管理、維護等角度考慮問題的解決。從國家意志出發，元朝維護御河河道通暢保證漕運的前提下，力圖救災或減少災害。這一方面的工作主要由廉防司及路、府等地方政府負責。「部議以濱河州縣佐貳之官兼河防事，於各地分巡視，如有闕破，即率眾修治，拔去椿檶，仍禁園圃之家毋穿堤作井，栽樹取土。」〔註147〕濱河州縣對御河的維護，成為御河常規管理的重要一項。因為修治河道需要當地民工，而民工修河又影響到農業生產，故而有時需要軍隊參與。都水監、漕運司連同地方廉防司、州縣等部門往往共同商議相關事務，或協調有關部門共同合作。如至元十四年（1277），汴梁漕司商議開通北邊沁水，使其向東注入御河，以增加御河的水源，便利漕運。時董文用為衛輝路總管，提出反對意見：「衛為郡，地最下，大雨時行，沁水輒溢出百十里；間雨更甚，水不得達於河，即浸淫及衛。今又引之使來，豈惟無衛，將無大名、長蘆矣。」朝廷派遣官員視察地勢，認定「衛州城中浮屠最高者，才與沁水平，勢不可開也。」〔註148〕誠如董文用所言，衛輝路是御河沿岸受災較為明顯的路分，至元三年（1266）「六月，衛輝淫雨至七月，丹、沁二河泛漲，與城西御河通流，平地深二丈餘，漂沒人民房舍田禾甚眾。民皆棲於樹木，郡守僧家奴以舟載飯食之，移老弱居城頭，日給糧餉，月餘水方退。」〔註149〕這次水患禍及路治所在地，是為元代水患較為嚴重的一次。致和元年（1328）六月六日，臨清御河萬戶府以「泰定四年（1327）八月二日，河溢，壞營北門堤約五十步，漂舊椿木百餘，崩圮猶未已」上奏，工部議：「河岸崩摧，理宜修治，既都水監會計工物，各處支給，其役夫三千人，若擬差民，方春恐妨農務，宜移文樞密院撥軍。」〔註150〕這次修河因為正值春季，考慮到差調農夫會影響農業生產，所以協調樞密院派遣軍隊。

〔註146〕　（元）王惲：《秋澗先生大全集》卷八八《為蝗旱救治事狀》，《元人文集珍本叢刊》本。

〔註147〕　《元史》卷六四《河渠志一‧御河》，中華書局，1976年，第1600頁。

〔註148〕　（元）虞集：《道園學古錄》卷二十《翰林學士承旨董公行狀》，四部叢刊本。

〔註149〕　《元史》卷五一《五行二‧水不潤下》，中華書局，1976年，第1093～1064頁。

〔註150〕　《元史》卷六四《河渠志一‧白河》，中華書局，1976年，第1599頁。

御河水害不僅傷及於民，而且沿岸軍隊屯田也會招致災難。屯田軍隊爲免受其災，採取堵塞等自保措施，這又勢必使無處流瀉之水禍及於民。爲保護屯田和民田，軍官和地方官因此往往產生矛盾。延祐三年（1316）七月，滄州言：「清池縣民告，往年景州吳橋縣諸處御河水溢，沖決堤岸，萬戶千奴爲恐傷其屯田，差軍築塞舊泄水郎兒口，故水無所泄，浸民廬及已熟田數萬頃，乞遣官疏闢，引水入海。及七月四日，決吳橋縣柳斜口東岸三十餘步，千戶移僧又遣軍閉塞郎兒口，水壅不得泄，必致漂蕩張管、許河、孟村三十餘村黍穀廬舍，故本州摘官相視，移文約會開闢，不從。」〔註151〕四年五月，「都水監遣官與河間路官相視元塞郎兒口，東西長二十五步，南北闊二十尺，及堤南高一丈四尺，北高二丈餘，復按視郎兒口下流故河，至滄州約三十餘里，上下古蹟寬闊，及減水故道，名曰盤河。今爲開闢郎兒口，增濬故河，決積水，由滄州城北達滹沱河，以入於海。」〔註152〕最後由都水監出面解決御河河道排泄才解決問題。

元代御河漕運業的發展在滿足京畿地區物資需要的同時，也促成了津海鎮的誕生。延祐三年（1316）正月，「改直沽爲津海鎮」〔註153〕。延祐六年（1319）十月，中書省臣言：「漕運糧儲及南來諸物商賈舟楫，皆由直沽達通惠河。今岸崩泥淺，不早疏濬，有礙舟行，必致物價翔湧。都水監職專水利，宜分官一員，以時巡視，遇有頹圮淺澀，隨宜修築，如功力不敷，有司差夫助役，怠事者究治。」這一建議得到皇帝許可〔註154〕。津海鎮不僅是御河線上重要的樞紐，而且也是重要的海港。通過海運運往大都的糧食等重要物資，在此地通過御河船隻運往大都，「每歲春夏運饟舟將抵直沽口，即分都漕運出接，中書復遣才幹重臣從之海壖，一一交卸」〔註155〕。由此，無論是河運，還是海運，均要經過這裡與大都相通的御河，才能滿足京師的物資需要，津海鎮由此逐漸成爲環渤海地區最大的碼頭和海港城市。元代對於津海鎮的經營客觀上爲日後天津成爲「畿輔之近、喉襟之要、擁重兵」〔註156〕的明清軍事重鎮的肇始。

〔註151〕　《元史》卷六四《河渠志一·御河》，中華書局，1976年，第1601頁。

〔註152〕　《元史》卷六四《河渠志一·御河》，中華書局，1976年，第1601頁。

〔註153〕　《元史》卷二五《仁宗本紀二》，中華書局，1976年，第572頁。

〔註154〕　《元史》卷六四《河渠志一·白河》，中華書局，1976年，第1598頁。

〔註155〕　（元）貢奎：《直沽接運官德政碑記》，《（萬曆）河間府志》卷一。轉引自：孟繁清等：《蒙元時期環渤海地區社會經濟發展研究》，天津教育出版社，2003年，第289頁。

〔註156〕　（明）李東陽：《天津衛修城記》，《（萬曆）河間府志》卷一。轉引自：孟繁清等：《蒙元時期環渤海地區社會經濟發展研究》，天津教育出版社，2003年，第291頁。

小結

　　南臨黃河、東濱渤海、西靠太行、北接高原所形成河北地理範圍，是中國版圖上極為特殊的一個區域。區域的特殊性既表現在地形種類分佈齊全且「西北高、東南低」的地理概貌，「北部少，南部多」的人口分佈方面，又顯示在「農牧兼有，以農為主」的作物產業，河流湖澤淀泊俱存的水利資源層面。無論地理結構，還是產業存在，河北地區種種地理表象又恰似一個全國地理模式的簡本。元代開啓大都中心格局與以往漢唐時代的長安中心格局是中國都城史上最重要的變遷。

　　河北地區中部滹沱河承載了悠久的歷史，宋遼的對峙引入了自然河流的人工改造，自此滹沱河的災難摻雜了人為因素。元代冶河的匯入成為滹沱河困擾眞定的難題。元朝在增加河堤的同時，又使用「疏濬冶河，殺滹沱河之勢」、加封河神等措施減少滹沱河的禍害。

　　隋代的大運河河北段永濟渠把河北地區納入全國的運河體系網絡之中，形成了縱向帶狀區域的運河文化。元代會通河對隋代御河的取直，大大縮短了江浙到達大都的水運路程。通惠河的成功，江浙物資通過運河漕運和海運，經由津海鎮直達大都。這一水運線承載了大都成為統一王朝政治中心所需要的糧食等物資需求，也成為維繫中國南北政治中心、經濟中心分野的紐帶。

　　總之，河北地區的地理位置及其所附著的地形概貌、生產物資、水利資源，成為蒙元帝國建立政治中心的根本基礎。會通河和通惠河開鑿而成就的大運河南北直線貫通又是對大都成為全國統一王朝政治中心的有力補充。所有這些，從長時段可以昭示：河北地區成為全國「直隸省部」畿輔地位的自然環境。

第二章　直隸省部政區沿革與
中書省部的統轄管理

　　「直隸」一詞，最早見於後周顯德六年（960）「唐清源節度使留從效遣使入貢，請置進奏院於京師，直隸中朝」〔註1〕。此「直隸」當從中央直屬專門機構的角度理解。宋代太平興國二年（977）三月，「太宗皇帝始詔藩鎮諸州直隸京師，長吏自得奏事，而後天下大權盡歸人主，潛消藩鎮跋扈之心。今長吏初除、替滿奏事，自此始也。」〔註2〕。面對唐後期以來的藩鎮勢力坐大，宋太祖「削其支郡以斷其臂指之勢，當時至有某州某縣直隸京師，而不屬節度者置通判以奪其政，命都監監押以奪其兵，立倉場庫務之官以奪其財」〔註3〕。此「直隸京師」主要是改節度使長期經營某區域為中央直接派遣具有一定任期的官吏，管理地方事務。一定程度上，這裡就有了中央直隸地方的意思。後賈昌朝建議：「漢唐都雍，置輔郡，以內翼京師。國朝都汴，而近京諸郡皆屬它道，制度不稱王畿。請析京東之曹州，京西之陳、許、滑、鄭州，並開封府總四十二縣，置為京畿。遂興行之」〔註4〕。由此，北宋時期「於京畿四面置四輔郡，潁川府為南輔，鄭州為西輔，澶州為北輔，建拱州於開封府襄邑縣為東輔，並屬京畿」。〔註5〕京師四輔郡是宋代對漢唐京畿制度借鑒性地繼承。

〔註1〕　（宋）司馬光：《資治通鑒》卷二九四《後周記五》，四部叢刊本。
〔註2〕　（宋）王栐：《燕翼貽謀錄》卷一，《文淵閣四庫全書》本。
〔註3〕　（宋）黎靖德　輯：《朱子語類》卷一一○《朱子七・論兵》，《文淵閣四庫全書》本。
〔註4〕　（宋）王珪：《華陽集》卷五十六《賈昌朝墓誌銘》，《文淵閣四庫全書》本。
〔註5〕　（元）脫脫等：《宋史》卷八五《地理志一・京畿路》，中華書局，1975年，第2106頁。

　　元朝實行行省制度，「都省握天下之機，十省分天下之治。然十省之屬，自管庫而上皆命於朝，非若古藩鎮，僚佐得自闢也」〔註6〕。不同於唐代藩鎮軍政獨攬大權的自專性，元代行省各級官員均由中央任命。由此，傳統地方郡縣兩級管理制度改爲省、府（路）、縣三級管理制度。除了行省以外，元代中央直接管轄一級行政區劃「直隸省部」〔註7〕。元代「直隸省部」是中原王朝傳統京畿舊制和草原左右翼制度交相雜糅的二元化產物。其上承漢唐乃至宋代之畿輔，下啓明清時代「直隸省」，可視爲河北稱爲「直隸省」的發端。下面，試從元以前河北政區沿革、元代「直隸省部」管轄範圍變遷及影響、中書省部對直隸省部地區的統轄管理等角度展開論述，以期對元代「直隸省部」地區的「畿輔」〔註8〕特徵給與歸納。

第一節　元以前河北行政區劃沿革

　　早在傳說中的三皇五帝時代，河北地區就以重要的行政區域載入史冊。《史記・五帝本紀》記載「黃帝乃徵師諸侯，與蚩尤戰於涿鹿之野……而邑於涿鹿之阿。」〔註9〕至於唐堯，在河北留下比較完整的官方文本和民間傳說：唐縣「即古唐侯國，堯初封於此，今定州北有故唐城，是堯所封也」〔註10〕；

〔註6〕　（元）許有壬：《至正集》卷三二《送蔡子華序》，《文淵閣四庫全書》本。

〔註7〕　關於元代腹裏政區，學界做過很多探討，其最爲系統的當屬李治安師《元中書省直轄「腹裏」政區考略》（《元史論叢》第十輯，中國廣播影視出版社，2005年）和溫海清《金元之際的華北地方行政建置——〈元史・地理志〉腹裏部分研究》（復旦大學博士論文，2008 年）。然從「河北——直隸」沿革角度探討的尚不多見，此處著重從直隸行政區劃的角度展開，至於元代「直隸省部」的各地專門機構，如屯田、驛站等直隸省部的各專屬系統，則不在探討範疇。

〔註8〕　宋代「天下根本在河北，河北根本在鎮定，以其扼賊衝，爲國門戶也」（《宋史》卷二八四《宋祁傳》），主要從軍事意義上而言河北地位重要。元明清以來，河北最明顯的政治特色爲「畿輔」，故言河北省志爲《畿輔通志》，而不言它。

〔註9〕　按：《集解》：「服虔曰：涿鹿，山名。在涿郡。張晏曰：涿鹿在上谷。」《索隱》：「或作濁鹿，古今字異耳。按《地理志》上谷有涿鹿縣，然則服虔云在涿郡者，誤也。」《正義》「廣平曰阿涿鹿，山名已見上，涿鹿故城在山下，即黃帝所都之邑於山下平地。」由此，則黃帝與蚩尤戰於涿鹿之野，而後都於涿鹿之邑。均在今河北境內。

〔註10〕　（唐）李吉甫：《元和郡縣圖志》卷一八《河北道三・定州》，賀次君點校，中華書局，1983 年，第 511 頁。

堯山〔註11〕、堯水、堯祠、堯臺、行唐都蘊育唐堯以河北爲其統治中心〔註12〕的地名學及口述文本，這種傳說在元代劉因的詩集中多次出現。按《禹貢》所言「恒衛既從，大陸既作」，這裡當是大禹治水的重點區域。根據目前考古界傾向於「河南龍山文化晚期和河南偃師二里頭文化都在夏人的活動地域」〔註13〕的判斷，今河南北部和河北南部當屬於夏代統治範圍。又有所謂冀州。《尚書》所言「冀州既載」。《尚書正義》謂「東河之西，西河之東，南河之北，是冀州之境也。」師古《漢書注》曰：「兩河間曰冀州，載始也。冀州，堯所都，故禹治水，自冀州始也。」《元和郡縣圖志》：「《禹貢》冀州，堯所都也。虞及三代同爲冀州地。《爾雅》曰：『兩河間曰冀州。』冀，近也，兩河之間，其氣相近。」〔註14〕由上，大略推知：今河北南部、河南北部和山西南部等爲堯的統治範圍，大禹治水始於其地，夏代成爲九州之首。

　　商代都殷之前，《史記・殷本紀》謂「自契至於成湯八遷」。成湯以後，商朝都邑並沒有穩定下來，「第十二代河亶甲居相，在今河南內黃縣。第十三代祖乙遷於邢，在今河北邢臺縣。到盤庚才遷回成湯的舊居亳殷。……綜觀商朝歷代的都邑，都在今河南省裏的黃河兩岸」〔註15〕。按《史記・殷本紀》，「盤庚之時，殷已都河北。盤庚渡河南，復居成湯之故居」。王國維據此認爲：「殷都不是由黃河北邊遷到南邊，反而是由黃河南邊遷到北邊」，並得到了內藤湖南的認可〔註16〕。從甲骨文資料、《戰國策・魏策》「殷紂之國，左孟門而右漳滏，前帶河，後被山」和《史記・吳起傳》「殷紂之國，左孟門，右太行，常山在其北，大河經其南」等文獻記載，宋鎮豪判斷：「文獻中說的商王

<hr>

〔註11〕　元代地方志《齊乘》記載山東有「堯山」。唐朝皇帝李淵家族祖籍堯山縣（今河北省隆堯縣西部），李淵發跡的封號也爲唐，唐天寶年間改柏仁縣爲堯山縣。有唐一代尊堯成風，今天留下的多處唐堯記載大多出自唐代。

〔註12〕　參見：嚴蘭紳主編，夏子正、孫繼民著：《河北通史・先秦卷》，河北人民出版社，2000年，第38～40頁。

〔註13〕　嚴蘭紳主編，夏子正、孫繼民著：《河北通史・先秦卷》，河北人民出版社，2000年，第42頁。

〔註14〕　（唐）李吉甫：《元和郡縣圖志》卷一七《河北道二・冀州》，賀次君點校，中華書局，1983年，第482頁。

〔註15〕　呂思勉：《呂著中國通史》下編《中國政治史》第二二章《夏商西周的事蹟》，上海科學技術文獻出版社，2008年，第292頁。

〔註16〕　（日）內藤湖南　著，夏應元　選編並監譯：《中國史通論》（上），社會科學文獻出版社，2004年，第55頁。

畿區範圍，與甲骨文提供的證據是基本一致的，大體包括有河南中部偏北及河北南部地區。」〔註17〕綜合以上各種文獻及相關研究成果，可以看出，商代統治中心基本上是元代直隸省部轄區的南部地區，即今天河北省南部、河南省北部，包括邢臺、邯鄲、安陽、鶴壁、新鄉等市轄區。

　　隨著商亡周興，都城逐漸由商地遷往周地，即所謂「都邑起初位於東方逐漸移到西方」〔註18〕。西周建都鎬京，東周時期遷都洛邑。西周時期，除部分爲畿內之地外，河北地區主要有以下封國、方國：衛國、邶國、邢國、軧國、中山國、韓國〔註19〕、燕國等。經歷春秋時期的兼併戰爭〔註20〕，封國數目明顯減少。戰國七雄的燕、趙、魏、韓等國成爲雄踞該地的幾支勢力，爲秦朝的統一全國，打下了較爲穩健的政治軍事基礎。秦朝統一全國，實行郡縣制度，一定程度上開啓了中國地方政治制度的先河。秦王朝時期，這裡主要設置了三川、河東、上黨、邯鄲、鉅鹿、清河、常山（初爲恒山）、代、上谷、廣陽、漁陽、右北平、遼西等郡。西漢經歷文帝、景帝、武帝等削弱封國措施後，基本實行郡、國並行制度。爲維護中央權力，西漢王朝設立「十三州部刺史」，即將全國設爲十三個行政監察區，河北地區主要爲幽州、冀州兩個州部刺史管轄區。幽州刺史部下轄漁陽、上谷、涿郡、渤海、代郡、右北平、遼西七郡和廣陽一國。冀州刺史部下轄清河、魏郡、常山、鉅鹿、河內五郡和中山、眞定、廣平、趙國、信都、河間六國。另外兗川刺史部的陳留郡和東郡、青州刺史部的平原郡等也屬於該區域範圍之內。東漢時期基本沿襲西漢的行政區劃制度，但由於東漢封國小於西漢時期，此特點在河北地區也明顯反映出來。東漢時期陸續在河北地區設置有中山、廣陽、眞定、趙、河間、廣平、鉅鹿、樂成、常山、清河、廣宗、廣川、渤海等諸侯王國〔註21〕。

〔註17〕　宋鎮豪：《論商代的政治地理架構》，中國社會科學院歷史研究所學刊編委會：《中國社會科學院歷史研究所學刊》（第一集），社會文獻出版社，2001年，第18頁。

〔註18〕　王國維：《殷周制度論》，轉引自：（日）內藤湖南 著，夏應元 選編並監譯：《中國史通論》（上），社會科學文獻出版社，2004年，第64頁。

〔註19〕　沈長雲：《西周二韓國地望考》，《中國史研究》1982年第2期。

〔註20〕　春秋時期，這裡還有中原方國與北方民族「山戎」「北狄」的戰爭，即《春秋》「齊人伐山戎」「狄伐邢」等記載。一定程度上，可以視其爲「中原王朝與北方民族衝突」的發端。

〔註21〕　關於東漢時期河北地區諸侯王國的沿革，參見：嚴蘭紳主編，呂蘇生著：《河北通史·秦漢卷》，河北人民出版社，2000年，第171～178頁。

東漢後期，靈帝於中平五年（188）改州刺史為州牧，一州的軍、政、財等大權直接由其管理。由此，州成為名副其實的一級地方行政機構，秦以來的郡、縣二級行政體制轉變為州、郡、縣三級行政體制。河北地區依舊隸屬於幽州、冀州兩個州部刺史管轄區，與西漢相比，變化不大。

三國曹魏時期，儘管都城遷移到河南許昌，但是河北地區的行政區劃卻幾乎沒有變動。西晉時期，將原來冀州的部分地區劃歸司州管轄，這樣河北地區隸屬於幽州、冀州和司州的管轄範圍。五胡十六國時期，戰爭頻仍，河北地區先後歷經後趙、冉魏、前燕、前秦、後燕五個短命割據王朝的統治，其政區變化最為紛亂。再加上後趙石勒建都於襄國（今河北省邢臺市），此一時期的政區變化描述最為困難。河北地區主要隸屬州有明顯差別：後趙、冉魏時期，司、幽、冀、營四州；前燕時期，中州、冀州、幽州；前秦時期，幽州、冀州和平州的部分；後燕時期，幽、冀、營三州。北魏時期，河北地區的政區逐漸穩定下來，轄有衛、相、冀、定、燕、平、安、瀛、幽等州。東魏、北齊、北周時期，大體在北周基礎上增加了司、殷兩州和南營州、北燕州兩個僑置州。

隋開皇三年，罷去郡一級建制，實行州縣兩級制。隋煬帝時期，改州為郡，兩級制依舊。值得一提的是，自隋代開始，隨著北方突厥勢力的強大和隋朝對高麗的用兵，隋朝在河北北方軍事重鎮的部署也漸成特色。這一趨勢在唐代更為明顯，魏博、成德、幽州三個割據性勢力，史稱「河北三鎮」或「河朔三鎮」，「藩鎮割據成為唐王朝後期河北地區最大的特點」。〔註22〕唐代的地方行政建制主要為道、州、縣三級，另外還有府的存在。唐代設立河北道採訪使，主要管轄「孟、懷、魏、博、相、衛、貝、澶、邢、洺、惠、鎮、冀、深、趙、滄、景、德、定、易、涿、幽、瀛、莫、平、嬀、檀、薊、營，安東上都護」〔註23〕。唐代河北道的建立可以說第一次確立了河北的行政概念。

五代時期的河北地區較為混亂，眾多戰火在該地區產生。除了中原短命王朝梁、唐、晉、漢、周等政權轉移過程中的爭奪外，916年立國的契丹也染

〔註22〕 嚴蘭紳主編，杜榮泉著：《河北通史‧隋唐五代卷》，河北人民出版社，2000年，第4頁。

〔註23〕 （宋）歐陽忞：《輿地廣記》卷三《唐十五道採訪使》，四川大學出版社，2003年，第43頁。

指河北地區。遼朝的地方行政區劃也主要爲三級，即道、州（軍、城）、縣。
在河北的地方行政區劃主要是南京道的全部和西京道的部分地區。南京路
主要轄析津府和順、檀、涿、易、薊、景、平、灤等州，西京道主要轄河
北地區的奉聖州、歸化州和蔚州。這一時期，宋、遼分別佔領河北南、北，
「自定州西山，東至滄海，千里之地，皆須應敵。是以設三關，分重兵以
鎮之。其間少失堤防，則戎人內侵」〔註24〕，此處的「戎人」當指遼軍無
疑，河北地區重鎮眞定、大名等由此成爲「天下根本」所在。強大的契丹
勢力對以開封爲都的宋朝形成明顯的攻勢，逼迫宋朝置河北防務爲國之要
務，「河北平壤，其城池樓櫓之設尤嚴於他道。凡遣使行邊，所以督責於守
臣、按察之吏者，必先焉」〔註25〕。北宋的地方行政區劃分爲路、州（府、
軍、監）、縣三級。宋代的河北地區設置河北路（曾改爲河北南、北路或河
北東、西路），北由白溝與遼朝對接，南隔黃河與開封相望，西依太行與河
東路爲鄰，東臨渤海。河北地區還有一個所謂北京的大名府。大名府爲河
北地區最大城市，「河朔藩鎮，茲爲都會」〔註26〕。關於北宋時期河北地區
的城市，楊軍先生認爲，這些城市可以根據距離遼國邊界的遠近分爲三道
防線。每道防線都各有其不同的軍事作用和代表城市。這些城市在宋遼戰
爭中發揮了重要作用，「由於特殊的時代背景和地理形勢，河北地區的城市
普遍具有較爲濃厚的軍事色彩。北宋政府也對河北城市在防禦遼軍南下方
面所起到的作用給予很大的關注」〔註27〕。

金代的行政區劃依然實行三級制，分別爲路、州（府、軍）、縣。河北東
路、河北西路、中都路、大名路是河北地區主要管轄區域，另外西京路的部
分地區也在河北地區範圍之內。金代時期，河北依然成爲其政治、經濟中心
地帶，並且成爲其向南拓展的重要物資生產區。宋代「以河北作爲天下根本」
對抗北部政權的軍事屬性被取代，金代河北的政治、經濟屬性特徵明顯。直
到明代，河北地區防衛北方蒙古、後金的軍事重任再次出現。

〔註24〕 （宋）錢若水：《上眞宗論備邊之要有五》，趙魯愚編：《宋名臣奏議》，《文淵
閣四庫全書》本。
〔註25〕 （宋）文彥博：《潞公文集》卷二二《論修樓櫓事》，《文淵閣四庫全書》本。
〔註26〕 （宋）李燾：《續資治通鑒長編》卷四五，咸平二年十一月乙未，上海古籍出
版社，1986年，第374頁。
〔註27〕 楊軍：《北宋時期河北城市的軍事職能》，張利民主編：《城市史研究》第二十
四輯，天津社會科學院出版社，2007年，第135頁。

第二節　元代「直隸省部」轄區變遷及其影響

　　中書省管轄的腹裏地區作爲元代最重要的行政區域，具有明顯的特殊性，〔註28〕而其核心「直隸省部」管轄區域的變遷可謂其中最關鍵因素。元代直隸省部是明清直隸省的肇始，開啓了中國直隸省的帷幕。

一、元代直隸省部轄區變遷考略

　　元初受戰爭、征服、政治制度磨合等因素的影響，河北政區變動頻繁。蠡州「元初隸眞定路。至元三年以博野路入蠡州。十七年以州直隸省部。二十一年復屬眞定路」〔註29〕。寧海州，「國初屬益都。至元九年直隸省部」〔註30〕，至元三十年（1293），屬山東宣慰司〔註31〕，而至大二年（1309）卻是山東宣慰司唯一州，至於其何時劃歸山東又缺乏明確記載〔註32〕。類似情況似爲不少，只是囿於資料所限，難以做具體表述。但其直隸省部的內涵卻已經早就被時人認知。元初王惲曾建議元朝在河南設置四路以取代河南總府，並提出「外據眞定、平陽兩路亦宜標撥州縣，另立散府，使直隸省部管領。其於官民亦爲兩便，且免夫（末）〔尾〕大不掉之虞，得強幹弱枝之道矣。」〔註33〕此上書雖未標明年月，但結合用兵襄陽等記載，則在至元五年（1268）

〔註28〕　李治安師《元中書省直轄「腹裏」政區考略》（《元史論叢》第十輯，中國廣播影視出版社，2005 年）概括了元代「腹裏」政區變遷的若干特徵：三級和四級的體制層次、「畫境之制」和「合併州縣及投下食邑置路州」引起的兩次政區變動、投下領地路府和「飛地」的保留。周振鶴《中國歷代行政區劃的變遷》（商務印書館，1998 年，第 58 頁）：「五級齊全的區劃只有一個特例，即中書省（約今華北各省區及山東、河南北部）——上都路（今河北北部、內蒙古一部分）——順寧府（今河北淶源至宣化一帶及山西靈丘等縣）下轄保安、蔚（今河北涿鹿、蔚縣一帶）兩州，州下分別轄一縣與五縣。」瞿大風：《元朝統治下的山西地區》（南開大學博士論文，2003 年）：「河東山西道宣慰司的設置等級與行中書省同屬中書省管轄之時，具有與行中書省地位相應，但卻又略低於行中書省」。

〔註29〕　（明）劉基：《大明清類天文分野之書》卷二三《燕分野·蠡縣》，明刻本。

〔註30〕　《齊乘》卷三《郡邑》，《宋元方志叢刊》（第一冊），中華書局，1990 年，第 556 頁。另見《元史》卷五十八《地理志一》。

〔註31〕　《通制條格》卷二八《雜令·圍獵》（黃時鑒點校本，浙江古籍出版社，1986 年，第 303 頁）「至元三十年五月十一日，中書省奏：樂實宣慰司所轄的益都府、濟南府、般陽路、寧海州、泰安州、東平府等」。

〔註32〕　至元二十三年（1286），山東宣慰司成立之際，或領有其地。待考。

〔註33〕　（元）王惲：《秋澗先生大全集》卷八四《論河南分作四路事狀》，《元人文集珍本叢刊》本。

之前。結合「省部遍下隨路」〔註34〕的說法，此上書所言已經顯示出眞定路總管府直隸省部的特色。

至元二十五年（1288）以後，直隸省部轄區變遷的線索在相關文獻中有所反映，茲將有關資料羅列如下：

《經世大典‧站赤三》所記至元二十五年（1288）正月：

> 直隸省部四路：保定路、河間路、平灤路、隆興路〔註35〕。
>
> 燕南河北道宣慰司所轄九路：眞定路、順德路、廣平路、彰（州）〔德〕路、衛輝路、大名路、恩州、懷孟路、冠州。
>
> 河東山西道宣慰司所轄三路：西京路、平陽路、太原路。
>
> 山東東西道宣慰司所轄一十二路：東平路、濟寧路、益都路、濟南路、東昌路、般陽路、濮陽、高唐州、德州、曹州、泰安州、寧海州。〔註36〕

《新編事文類要啓札青錢》外集《方輿勝紀》（上）「腹裏州郡」：

> 直隸省部：上都路、大都路、保定路、眞定路、河間路、大名路、彰德路、隆興路（應昌府）、順德路、衛輝路、懷孟路、廣平路（磁州、威州、冠州、恩州）、平灤路。〔註37〕

《經世大典‧站赤七》記載中書省所轄腹裏各路站赤時總計一百九十八處〔註38〕，區分爲直隸省各路站赤和隸屬宣慰司的各路站赤：

〔註34〕（元）王惲：《秋澗先生大全集》卷八九《論成造衣甲不宜責辦附餘物料事狀》，《元人文集珍本叢刊》本。

〔註35〕 此處沒有列出大都路和上都路，但筆者認爲：該份文件主要是針對「補充祇應」而言，大約這兩路不需要補充，這兩路「直隸省部」應該沒有疑問。

〔註36〕《經世大典‧站赤三》，《永樂大典》卷一九四一八，中華書局，1986年，第7280頁。

〔註37〕《新編事文類要啓札青錢》外集《方輿勝紀》（上）「書指序略‧腹裏州郡‧直隸省部」，續修《文淵閣四庫全書》本。另：劉應李原編 詹有諒改編 郭聲波整理：《大元混一方輿勝覽》（四川大學出版社，2003年，（目錄）第1～4頁）也記載直隸省部，其順序如下：「大都路、上都路、保定路、應昌路、興和路、平灤路，燕南河北道肅政廉訪司，眞定路、河間路、大名路、彰德路、順德路、衛輝路、懷孟路、廣平路（磁州、威州）。」與上述《方輿勝紀》所記相比，相同之處爲：作爲監察區域的燕南河北道廉訪司忽略不計的情況下，兩者所列直隸省部管轄範圍大體相當。不同之處爲：第一，應昌路、府的差別。第二，冠州、恩州歸屬到懷孟路名下，並且懷孟路還多出吉州、霍州。第三，排序不同。第四，興和路和隆興路名稱的差別。

〔註38〕 默書民推測「中書省所轄腹裏各路站赤」資料的時間「似乎就在至元二十九年

隸屬省所轄各路：大都路、上都路、保定路、眞定路、大名路、高唐州、濮州、曹州、泰安州、德州、平灤路、廣平路、順德路、彰德路、衛輝路、懷孟路、隆興路、河間路、恩州。

河東山西道宣慰司所轄各路：大同路、平陽路、太原路。

山東東西道宣慰司所轄各路：東昌路、濟寧路、東平路、濟南路、般陽路、益都路、寧海州。〔註39〕

延祐元年（1314）鄉試場所設置，直隸省部被單獨列出，具體鄉試場所編排如下：

行省一十一處：河南、陝西、遼陽、四川、甘肅、雲南、嶺北、征東、江浙、江西、湖廣。宣慰司二處：河東冀寧路、山東濟南路。

直隸省部路分試四處：

眞定路、河間路、保定路、順德路、大名路、廣平路、彰德路、衛暉（輝）路、懷孟路；

東平路、濟寧州（路）、曹州、濮州、恩州、冠州、高唐州、泰安州、德州、東昌路；

大都路：大都、永平路；

上都路：上都、興和路。〔註40〕

通過上述文獻記載，我們大體可以梳理出元朝直隸省部管轄區域的變遷基本線路。

《永樂大典》卷一九四一八《經世大典·站赤三》所顯示的至元二十五年直隸省部分爲保定、河間、平灤、隆興四路，連同兩都，共計六路。至於眞定、順德、廣平、彰德、衛輝、大名、懷孟等路不在直隸省部之內，應該

（1292）」。見氏著《蒙元郵驛研究》，暨南大學博士論文，2004年，第120頁。

〔註39〕《經世大典·站赤七》，《永樂大典》卷一九四二二，中華書局，1986年，第7242～7243頁。

〔註40〕《元典章》卷三十一《禮部四·學校一·鄉試》，臺北故宮博物院影印元刊本。與《元典章》的「濟寧州」和「永平路」不同，《通制條格》卷五《學令》爲「濟寧路」和「永寧路」，按《群書通要·壬集·方輿勝覽》《元史》等，元代永寧路隸屬四川等處行中書省的四川南道宣慰司，而永平路則與大都路比鄰，故此處「永寧路」爲「永平路」無疑。《元史·選舉志一》亦言「直隸省部路分四：眞定、東平、大都、上都」。另見：《元婚禮貢舉考·中書省續降條畫》，《廟學典禮》浙江古籍出版社，1992年，第157～158頁。

與元朝設置燕南宣慰司有關。至元二十三年（1286），中書省臣請立汴梁行中書省及燕南、河東、山東宣慰司。朝廷以「南京戶寡盜息，不必置省，其宣慰司如所請。濟南乃勝納合兒分地，太原乃阿只吉分地，其令各位委官一人同治之」〔註41〕。同年十二月，設置燕南河北、河東山西、山東東西三道宣慰司。眞定等七路自然歸屬到燕南河北道宣慰司治下。需要說明的是，三個宣慰司中的河東山西、山東東西兩道，因分別是阿只吉、勝納合兒分地，按照蒙古習俗，其地選官自然出現「其令各衛委官一人同治之」的情況。而燕南河北道宣慰司轄區直屬大汗領地，則只需元朝中央派官即可。這就爲以後這一地區再次歸屬直隸省部埋下伏筆。

或因至元二十八年（1291）河南江北行省正式設置，大約在至元二十九年，燕南河北道宣慰司裁撤，遂出現上述《新編事文類要啓札青錢》外集《方輿勝紀》（上）「腹裏州郡」所列直隸省部區劃。這時直隸省部增加到十三個路分。默書民先生已經發現相關變遷，他推測這份行政區劃資料的成文時間當在至元二十九年（1292年）以後、大德三年（1299年）二月以前，並據此推論：「《啓札青錢》的這份行政區劃資料中，腹裏州郡的燕南河北道宣慰司已經裁撤，原來屬於該道宣慰司的路、州已歸屬省部」〔註42〕。

從上述文獻資料看，元代直隸省部地區區劃變遷的最後時間或爲至大二年（1309）。這年六月庚午，「以益都、濟南、般陽三路，寧海一州屬宣慰司，餘並令直隸省部」〔註43〕。這次變遷是由於元朝縮小山東東西道宣慰司轄地，其原管地東平路、濟寧路、東昌路則劃歸直隸省部地區。由此，出現《元典章》卷三十一《禮部四・學校一・鄉試》所列延祐元年（1314）直隸省部區劃範圍。從至正二年（1342）山東「宣慰司所部三路十有三州四十有六縣」〔註44〕的記載來看，這次調整之後，山東宣慰司管轄範圍沒有再發生變遷，直隸省部地區也相應穩定下來。

比較遺憾的是，對於從《方輿勝紀》（上）「腹裏州郡」到《永樂大典》卷一九四二二《經世大典・站赤七》兩個記載之間，直隸省部地區區劃變革的時間及具體原因，則沒有找到明顯佐證。

〔註41〕 《元史》卷一四《世祖本紀十一》，中華書局，1976年，第288頁。

〔註42〕 默書民：《元代山東東西道轄區考析》，《中國史研究》2007年第3期。

〔註43〕 《元史》卷二三《武宗本紀二》，中華書局，1976年，第512頁。

〔註44〕 （元）毛元慶：《山東進士題名記》，朱希召：《宋元科舉題名錄》，《北京圖書館古籍珍本叢刊》本。

　　不過由上述考證，我們已經發現元代直隸省部區劃變遷的總體趨勢，除了前期因燕南河北道廉訪司設置引起轄區縮小外，「直隸省部」範圍基本是擴展的。

　　儘管元代直隸省部地區在管轄範圍上是一個不斷變動的地域，但結合燕南河北道、山東東西道等管轄範圍來看，我們認為，把元代直隸省部的主體部分歸屬為上都路、大都路、保定路、真定路、河間路、大名路、彰德路、隆興路、順德路、衛輝路、懷孟路、廣平路、平灤路十三個路分是可以成立的。這一界定與以前唐、宋、金等王朝的河北地區範圍是基本一致的，與以後的明清兩朝的直隸省部地區也大體相當。

二、元代直隸省部政區的影響

　　洪武元年（1368），明將徐達佔領大都，宣告元朝滅亡。然而，在中國歷史上，元朝在政治制度層面對明朝影響深遠，尤其是行省制度基本被繼承下來，明朝的直隸是元朝直隸省部的制度延伸，洪武七年（1374），以京畿應天等府直隸六部。後由於明成祖遷都，以北平為直隸，南京應天府等處遂稱為南直隸。洪武元年（1368）八月改大都路為北平府。同年十月，以懷慶、衛輝、彰德、廣平、順德、大名、河間、保定、真定九府隸河南分省，北平府隸山東行省。二年（1369）三月置北平行省，隸屬河南、山東的區域又歸屬該行省。九年（1376）改北平行省為北平承宣布政使司。永樂元年（1403）正月以北平為北京，稱行在，改北平府為順天府。永樂十九年（1421）遷都北京，北平承宣布政使司改為北直隸。至此，該區域行政建制基本穩定下來，並演化為清代直隸省。為更好的理解元明兩代河北政區的變化，特作如下表格：

元代「直隸省部」與明代北「直隸京師」政區〔註45〕對照表

元代直隸省部轄區			明代北直隸轄區			
路（州）名	轄錄事司、州、縣數目	備註	府名	轄州、縣數目	出處（卷數）	備註
上都路	領院一、縣一、府一、州四；州領三縣；府領三縣二州，州領六縣					

元代直隸省部轄區			明代北直隸轄區			
興和路	領縣四、州一	原爲金撫州,中統三年改爲隆興府,旋爲隆興路,皇慶元年改爲興和路	興和守禦千戶所			明初爲府,屬北平。後廢。三十年正月置所。後徙治宣府衛城
大都路	領院二、縣六、州十,州領十六縣		順天府	領州五、縣二十二	卷一	
永平路	領司一、縣四、州一,州領二縣	中統初爲平灤路、大德中改名永平路	永平府	領州一縣五	卷五	
河間路	領司一、縣六、州六,州領十七縣		河間府	領州二縣十六	卷二	
保定路	領司一、縣八、州七,州領十一縣	宋爲保州金改順天軍,元太宗十一年升順天路至元十二年改保定路	保定府	領州三縣十七	卷二	
眞定路	領司一、縣九、府一、州五。府領三縣,州領十八縣		眞定府	領州五縣二十七	卷三	
順德路	領司一、縣九	原爲邢州中統三年爲順德府至元元年爲順德路	順德府	領縣九	卷四	
廣平路	領司一、縣五、州二,州領六縣		廣平府	領縣九	卷四	
大名路	領司一、縣五、州三,州領六縣		大名府	領州一縣十	卷四	
彰德路	領司一、縣三、州一		彰德府	州一縣六	卷二十八	屬河南
衛輝路	領司一、縣四、州二		衛輝府	領縣六	卷二十八	屬河南
懷慶路	領司一、縣三、州一,州領三縣	元初爲懷孟路,延祐中改爲懷慶路	懷慶府	領縣六	卷二十八	屬河南

元代直隸省部轄區			明代北直隸轄區		
合計	直隸省部十三路領三院、十司、二府、四十三州、一百五十八縣（含府、州領縣九十一）		合計	北直隸八府領十七州（另有直隸京師延慶州、保安州）、一百一十七縣	

對照上面表格，我們可以看出，就該區域行政地理而言，元、明兩代既有一致的承襲性，又有一些變化。下面從兩方面加以分析：

明代因襲元代較為明顯之處，主要為：

第一，政治地位基本一致。元朝定都大都，明朝遷都北京，都是兩代「國本」政治標誌性事件，河北地區成為各自的政治中心區域。元代直隸省部轄區既有大都、上都、中都等政治中心，又有眞定的文化中心和重要的驛站交通樞紐，其重要性自不待言。明代「北直隸乃畿甸重地，根本繫焉」〔註46〕。

第二，直隸省名及路、府名稱的沿襲。元朝時期儘管已經明確提出並使用「直隸省部」的稱謂，但嚴格意義上作為省級區劃的名稱是「腹裏」。明朝遷都北京以後，北直隸〔註47〕正式開始作為一個省級區劃的名稱。明朝以後，直隸省稱謂又延續有清一代，一直持續到1928年更改為河北。縱觀河北政區發展歷史，可以看出「直隸省」政治地位之重要。由元代相應轉化過來的直隸八府，其名稱的變化又可大體分為三類：一是名稱改變的，即大都改為順天；二是元代延續以前朝代並延續明清時期，如眞定、大名、河間、廣平；三是始創自元代並繼續明、清兩朝，如順德、永平、保定三路和後屬河南的彰德、衛輝、懷慶三路。

與元代相比，明代發生一些變化，主要表現為：

首先，明代撤銷路總管府，一律改路為府。元代地方一級政區可以算作行省、宣尉司，而明代則一律改為布政司，即俗稱為省。省之下則取消路級行政建制，改路級行政名稱為府。由此，元代大都路改為明代順天府，其餘保定路、

〔註46〕（明）章潢：《圖書編》卷三五《皇明南北兩都總序》，《文淵閣四庫全書》本。
〔註47〕溫海清博士指出元代「中書省直轄區」（即元代直隸省部）對明清直隸省的影響：「明清時期所謂（北）直隸地區的生成，其胚胎或正肇端於中統、至元之交。」見氏著《金元之際的華北地方行政建置——〈元史·地理志〉腹裏部分研究》，復旦大學博士論文，2008年，第73頁。

眞定路、永平路、河間路、順德路、廣平路、大名路、彰德路、衛輝路、懷慶路，則均改路爲府。至此，府取代路成爲國家的二級地方行政建制。

其次，管轄範圍更趨明確。由前述可知，元代直隸省部管轄範圍變化頻繁且複雜，並且時間段較長。與元、明兩朝的行省制度規模變化相一致，明代北直隸地區的管轄範圍已經明顯縮小，並基本呈現穩定的「直隸八府」狀態，除上都路爲蒙古佔領、興和路劃歸山西以外，彰德、懷孟、衛輝三路歸屬河南行省。

最後，行政層級明顯清晰。元代行政層級機構複雜。城市品級明確，大都路有左、右兩個警巡院，上都路一個警巡院，其他路則均設錄事司。上都路是元代唯一的路、府、州、縣層級齊全路分；眞定路下轄府、州、縣，但其府不領州；順德路僅轄九縣，無府、州之設。路領州數也差別極大，順德路以外，大都路領十州，興和路、永平路、彰德路、懷慶路各領一州。對於元代的層級複雜、重複設置，時人也多予詬病，「各州領數縣，上屬省部，又有總管府，是古人所謂又當重並者也」〔註48〕。與元代「直隸省部」路、府、州、縣四級行政層級相比，明代「直隸京師」只有府、州、縣三級。兩級行政層級結構單位，除順德府以外，又增加了廣平府和河南的衛輝、懷慶二府。順天、河間、保定所轄州數也明顯減少。元合計州數爲三十五（總數四十三，減去上都、興和七州和河南彰德一州），明僅爲十七，相應區域減少州數十八，不到元代州數一半。

總之，儘管元代直隸省部和明代北「直隸京師」有明顯的一些差別，但在制度淵源上，元代的「直隸省部」成爲明清乃至今天河北省歷史確立的肇始，應該是不容爭議的。

第三節 中書省部對「直隸省部」地區的管理

中書省及其所轄六部是元朝中央行政部門，「天下之事具在於省，省之事責之六部。」〔註49〕鄭介夫曾言「六部乃朝廷之手足。」〔註50〕中書省及六

〔註48〕 （元）王結：《文忠集》卷四《上中書宰相八事書》，《文淵閣四庫全書》本。
〔註49〕 （元）魏初：《青崖集》卷四《奏議·至元九年七月十三日》，《文淵閣四庫全書》本。
〔註50〕 （元）鄭介夫：《太平策》，李修生：《全元文》（39），鳳凰出版社，2004年，第23頁。

部「總天下之務，庶政所由出」〔註51〕的同時，還直接管理直隸省部地區事務。這正是直隸省部地區所謂「直隸」的政治屬性之所在。以下著重從六部對該地區的管理方面，探討其所謂的「直隸」屬性。

我們先看一段史料：

> 至元十年六月，彰德路承奉中書戶部符文，該契勘本部上承都省，下臨隨路、諸司局及遇諸王位下各投項，一切民間大小公事。照得自中統建元以來累降詔條及省部格例，莫不遍下各路通知。其應斷驅良、諸色戶計，定奪差發、稅糧、課程、鹽法諸項錢穀，祗待軍馬鹽糧草料，理斷婚姻、地土、公私債負，各路自合依條處決。今隨路所申止是備據府州司縣文解，一聽本部裁決，爲見不完，必當勘當，又須頻舉連催，徒費紙札而已。及諸赴部告狀人等，其中事理至甚明白，往往稱說本路不肯依理歸斷，致令往復生受。茲蓋判署官吏不爲用心，以致上下文煩，事因稽緩，不副朝廷選任之意。今後凡事其有關礙上司，必合申覆者，須要勘會完備，照依擬定申呈。其餘事務並聽各路依條處決，其或所擬不完，所申不當，定將判署官吏依例責罰施行。〔註52〕

這段史料，雖然是至元十年（1273）中書省戶部對彰德路直轄的體現，但其關於直隸省部地區行政特徵表現的較爲明確。它也是我們目前發現的關於元代直隸省部行政特徵的最系統、最完備的材料。從中我們可以得到以下認識：

第一，直隸省部行政是通過中書省各部對路的直接指導體現的。「彰德路承奉中書戶部」一句體現出彰德路直隸戶部的屬性。所謂「上承都省，下臨隨路，一切民間大小公事遍下各路通知」，則是中書省各部直接行文直隸省部各路分，而各路所審疑難公事也直接「一聽本部裁決」。

第二，路總管府的直接申覆中書省各部，也就是「凡事其有關礙上司，必合申覆者，須要勘會完備，照依擬定申呈」。

第三，路總管府，直接對中書省各部負責，諸如「所擬不完，所申不當，定將判署官吏依例責罰施行」。

上述文件，雖然給我們提供了中書省部直轄直隸省部基本特徵的史料依

〔註51〕　（元）陳旅：《安雅堂集》卷六《省部政典舉要序》，《文淵閣四庫全書》本。
〔註52〕　《元典章》卷四《朝綱一・庶務・依例處決詞訟》，臺北故宮博物院影印元刊本。

據，但所載畢竟比較籠統，欲探究中書省部對直隸省部諸路的管轄，我們還需要對其分類加以討論。茲從以下五個方面，展開論述。

一、公文呈發

元代直隸省部的行政權運作可以從上級公文發佈的稱謂等方面顯示。元代公文中有「行省、腹裏」〔註53〕的題頭字樣。至大四年（1311），元朝對「進表」做出規定：

> 近在外諸司指以進表爲由，泛濫一體差人馳驛。今後進賀表箋，除各道廉訪司照依舊例外，據腹裏路分，差官馳驛赴部，其餘司屬直隸省部，或屬在都衙門，擬令所在路分，就便附納外。據各處行省宣慰司、都元帥府、宣撫司、轉運司、各處總管府、萬戶府，及五品以上衙門，應有進賀表箋，止赴所隸行省總司通行類諮，欽依差人馳驛，赴中書省、樞密院、徽政院呈貢，不許另行給驛。都省准呈。〔註54〕

此處直隸省部在內的腹裏路分與在外路分明顯不同，即各行省路分需要經由行省總司，而以直隸省部地區路分爲主的腹裏則可「差官馳驛赴部」。大德十一年（1307），刑部爲掌握全國在押犯人數，要求各地上報數目，直隸省部需每季依期申報，在外官府（應指京城以外路州）但給驛馬，而各地行省則轉送即可。〔註55〕

元統元年（1333）三月，戶部一份文件明確提出「行省開諮都省，腹裏路分開申省部」〔註56〕。元朝各處官員在任期間捕獲盜賊可以得到遷賞，中書省刑部則需要對相應事件備案。大德十一年（1307）二月，中書省刑部就此類公文呈報格式專門發文標明呈報程序，「腹裏路分保結申部，行省所轄保勘移諮都省。」〔註57〕至元二十八年（1291），中書省就燒毀昏鈔一事上奏，

〔註53〕《至正條格・條格》卷二三《倉庫・（添）撥鈔本》，韓國學中央研究院編，校注本，2007 年，第 19 頁。

〔註54〕《永樂大典》卷一九四二五《站・成憲綱要・驛站》，中華書局，1986 年，第 7285 頁。另見：《元典章》卷二八《禮部一・各衙門進表・表箋》，臺北故宮博物院影印元刊本。

〔註55〕《元典章》卷四〇《刑部二・刑獄・繫獄・罪囚季起報數》，臺北故宮博物院影印元刊本。

〔註56〕《至正條格・條格》卷二十三《倉庫・（添）撥鈔本》，韓國學中央研究院編，校注本，2007 年，第 20 頁。

〔註57〕《通制條格》卷一二《賞令・獲賊》，黃時鑒點校本，浙江古籍出版社，1986 年，第 253 頁。

其中有「行省裏、各路裏」〔註 58〕字樣。這裡的「各路裏」應該包含河東、山東兩個宣慰司，但應是以直隸省部地區爲主。我們還可以找到如下反映中書省部直接對直隸省部各路下發的文件。爲倡行節儉，元朝經由工部發文禁止民間打造金箔等物品。至大四年（1311），以刑部文告發佈私造金箔的懲處措施，其公告出榜的程序是「大都南北兩城並直隸省部路府州縣依上出榜禁止外，據各處行省所轄去處，宜從都省移諮各省，一體出榜」。〔註 59〕由此可知，因直隸省部由中書省各部直接管理，各部可以直接對接地方各路行政事務，而「各行省所轄去處」則「從都省移諮各省」。直隸省部路府州縣和大都享受相同的行政待遇，一體出榜，而各行省則必須經過都省的轉發之後，發佈咨文。有時候，中書省向全國發文，但題頭含有直隸省部路府州縣，所以其公文發佈的題頭就會出現「行省、宣慰司並路府州縣」〔註 60〕字樣。

上面我們分析了中書省部等上級部門向直隸省部下發文件的題頭格式，接著我們來看直隸省部地區各路向中書省部的公文呈報程序。

元朝規定上報公事，須自下而上逐級呈報，不得「隔越級別奏事」，「諸應申上司定奪之事，皆自下而上用心檢校，但有不實不盡，其所由官司即需疏校，必要照勘完備，擬議相應，方許申呈。若事有未完，例或不當，不即疏駁而輒准申呈者，各將當該首領官吏究治，駁而不盡，至於再三，故延其事者亦如之」〔註 61〕。

直隸省部各路遇到沒有相應規定的地方事務時，直接申稟中書省部，請求指示，或者將自己相應做法，報省部備案，以下是一份示例：

> 大都路霸州益津縣臧縣尉，於今年六月內以其父喪奔赴安州高城縣，及還職，往復計住記二十七日。八月內承州帖坐奉總管府箚付，該備申省部。奉符文：「除往回馬程外，給假一十五日。」承此，總府下本州，依上照會。〔註 62〕

〔註 58〕　《至正條格‧條格》卷二三《倉庫‧燒毀昏鈔》，韓國學中央研究院編，校注本，2007 年，第 22 頁。

〔註 59〕　《元典章》卷五八《工部一‧造作一‧雜造‧禁斷金箔等物斷例》，臺北故宮博物院影印元刊本。

〔註 60〕　《至正條格‧條格》卷三三《獄官‧重囚結案》，韓國學中央研究院編，校注本，2007 年，第 133 頁。

〔註 61〕　《元典章》卷四《朝綱‧省部減繁格例》，卷一三《吏部七‧公規一‧申事自下向上》，臺北故宮博物院影印元刊本。後者，「疏校」爲「疏駁」。

〔註 62〕　（元）魏初：《青崖集》卷四《奏議‧至元九年七月十五日》，《文淵閣四庫全書》本。

此文件顯示，對於霸州益津縣臧縣尉奔父喪的假期問題，因安州高城縣距離霸州較遠，「及還職，往復計住訖二十七日」。大都路總管府無法自行處理，遂將此事上報中書省部。獲得省部「除往回馬程外，給假一十五日」的符文後，路總管府才照會本州准此辦理。

行省所轄路分則需要逐級呈報，下面是行省轄下路的公文報送程序：

> 至正十九年十一月，江浙行省據杭州路申備本路經歷司呈，准提控案牘兼照磨承發架閣胡瑜牒。……本省以其言具諮中書省，仍遣胡瑜赴都投呈。至正二十一年七月，中書判送禮部，行移翰林、集賢、太常三院會議，俱准所言，回呈中書省。二十二年八月，奏准送禮部定擬五先生封爵謚號。〔註63〕

與上述大都路直接上報中書省部相比，杭州路則需經過江浙行省轉諮中書省，再通過「中書判送禮部，行移翰林、集賢、太常三院會議，俱准所言，回呈中書省」。其程序自然多了一道行省的諮呈。

元朝還有很多邊地路分歸屬行省之下的宣慰司管轄，其公文程序明顯再增加宣慰司一級。「大德七年三月，湖廣行省准中書省諮，來諮，海北海南道宣慰司呈，雷州路申」〔註64〕，此處的雷州路需要向海北海南道宣慰司申報，海北海南道宣慰司需要向自己的上級部門湖廣行省呈報，然後再由湖廣行省向中書省報送咨文。其公文申報程序明顯要多於直隸省部路分。邊地路分和直隸省部路分辦事程序上的這種差別，或許可以從腹裏及直隸省部與諸行省內外行政層級不同的角度理解。

除了呈送文件以外，直隸省部各路還可以派出本路的幕官直接赴直隸省部奏事，他們甚至可以暫時留在京師。史稱「朝廷定銓衡，張武烈公（張弘範）時鎮大名，檄公（元亨）充幕，以廉幹稱，屢赴省部白事，必得請乃歸」〔註65〕。此處大名路的地方幕府人員直接赴省部呈報各項事務，並且從「必得請乃歸」的表述判斷，有可能暫時留駐大都，負責大名路和中書省及各部的行政事務呈報溝通。

特別需要說明的是，元朝還有明確的內外路分之別。相對而言，元代外

〔註63〕《元史》卷七七《祭祀志六‧宋五賢從祀》，中華書局，1976 年，第 1921～1922 頁。

〔註64〕《元典章》卷一九《戶部五‧典賣‧格前私賣田土》，臺北故宮博物院影印元刊本。

〔註65〕（元）任士林：《松鄉集》卷三《經歷阮公墓誌銘》，《文淵閣四庫全書》本。

路的指代並不完全明確，大體可以指代三個方面：一是指直隸省部路分以外〔註66〕，如關於倉庫官員新舊交接時，有「在外各路正官監視，直屬省部州府亦同」〔註67〕的說明；二是腹裏地區以外路分，如「外任廉訪司官、路府州縣官的職田，腹裏路分施工布種的要來」〔註68〕和「外路有行省，又有宣慰司，又有總管府」〔註69〕的表述；三是針對大都路以外各路，如「至元二十二年二月欽奉聖旨內一款：京師天下之本，一切供給皆出民力，比之外路州郡，實爲偏重。近年有司奏請打量地畝，增收子粒，百姓被擾尤甚。今後將大都一路軍民等戶合納地稅，盡行除免。」〔註70〕

二、賦役、戶婚

中書省部對直隸省部地區的賦役戶婚方面管理，本節第一段所引戶部發給彰德路符文中明確提出了原則，即「一切民間大小公事遍下各路通知，其應斷軀良、諸色戶計，定奪差發、稅糧、課程、鹽法諸項錢穀，祗待軍馬鹽糧草料，理斷婚姻、地土、公私債負」。

元代「直隸省部」路分經濟方面事務直接隸屬中書省戶部管理，「郡縣歲以土之所出，民之所有，具其時直達於省部，俟其所需而應之。然而直不時給，民甚苦之。」〔註71〕「諸應支錢糧，腹裏路分，皆憑省部勘合理算。」〔註72〕其路總管府需要向中書省申報本地「土之所出，民之所有」，省部則對各路錢糧「勘合理算」，並據此要求各路給與供應。由於上情下達的時間間隔、地方對上級文件執行的推諉，中央免除百姓賦役的政策，相對而言，直隸省部落實的較早。王惲就曾因爲免除河南屯田戶差發問題上奏，「切見河北路分新簽軍戶，省部將元當盡數除豁了當。今體知得南京路屯田戶計相近二萬方，其絲銀止除訖正額，餘尙垛下數目，却今見在民戶包納。即目本處軍馬調度，

〔註66〕　另見：第三部分「吏員選拔、遷調及鄉試」。

〔註67〕　《通制條格》卷一四《倉庫·關防》，黃時鑒點校本，浙江古籍出版社，1986年，第156頁。此處雖言「直屬省部」，但應與直隸省部相同。

〔註68〕　《通制條格》卷一三《祿令·俸祿職田》，黃時鑒點校本，浙江古籍出版社，1986年，第146頁。

〔註69〕　（元）王結：《文忠集》卷四《上中書宰相八事書》，《文淵閣四庫全書》本。

〔註70〕　《元典章》卷三《聖政二·復租稅》，臺北故宮博物院影印元刊本。

〔註71〕　（元）蘇天爵：《滋溪文稿》卷一八《無極縣尹唐侯去思碑銘》，陳高華、孟繁清點校，中華書局，1997年，第306頁。

〔註72〕　《元典章》卷二一《戶部七·至元新格》，臺北故宮博物院影印元刊本。

百色所須，民力已是生受，更將額外絲銀敷納，切恐靠損不安。合無依見起
新軍差發，一體除豁。」〔註73〕甚至有明確文件可以看出對腹裏地區的照
顧傾向，「恤災拯民，國有令典，應腹裏路分被災去處曾經賑濟者，據延祐七
年合該絲線十分爲率，擬免五分。其餘諸郡絲線並江淮夏稅並免三分。」〔註
74〕當然，因爲元朝「因俗而治」，有些方面，腹裏地區也會受到政策上的區別
對待。如在官方「和買」中，甘肅、陝西、遼陽等行省，每口羊價做中統鈔
四十兩，而腹裏合做一錠〔註75〕。儘管這些規定未必是一直如此，但以法律
文書的記載之，可見其時政策認可。

　　戶部對直隸省部地區賦役等方面的管理，還體現在對具體爭議加以裁
判，也就是說該地區很多案例直接由省部裁決。先看如下材料：

　　　　至元十七年十月，中書省戶部呈：衛輝路軍戶李秀告貼戶程玉
　　　　將男程暗住軍籍內漏報，投充車站戶計。本部照得，至元八年程暗
　　　　住於正軍李秀軍籍內攢報，雖己未年漏報程暗住姓名，止是漏丁，
　　　　終是元簽正軍程玉親男。以此參詳，擬令程暗住與李秀依舊同戶當
　　　　軍，別行撥補車站身役。都省准呈。〔註76〕

對民戶爭議的合理裁決，是有效保護國家收入的手段，此處即爲此例。

　　此外，戶部還側重於戶婚等具體事物的管理。至元二十年（1284）十一
月，平灤路韓孝叔失陷倉糧，官司准折訖祖業房院，伊姪韓麟告要取贖。此
事即由戶部定奪，要求韓麟按照相當價格贖回房院，並將此事上報中書省得
到批准。〔註77〕至元六年（1269）三月，順德路邢臺縣司吏胡珪等，影占民
戶，私下取要差發入己。順德路將此事上報戶部，戶部上報中書省，做出以
下處理：「胡珪所犯，即係枉法，擬杖八十七下。權司吏趙顏、馬珪，各杖六

〔註73〕（元）王惲：《秋澗先生大全集》卷八七《爲除豁河南屯田户差發事》，《元人
　　　　文集珍本叢刊》本。

〔註74〕《元典章》卷三《聖政二・復租賦》，臺北故宮博物院影印元刊本。

〔註75〕《至正條格・條格》卷二四《廄牧・抽分羊馬》，韓國學中央研究院編，校注
　　　　本，2007年，第38頁。中統鈔一錠爲五十貫（貫俗稱爲兩）。與甘肅、陝西、
　　　　遼陽等地廣人稀的行省相比，腹裏地區人口稠密，農業生產爲主，牧業爲輔，
　　　　故此抽分規定的價格多出十兩。

〔註76〕《通制條格》卷二《户令户例》，黃時鑒點校本，浙江古籍出版社，1986年，
　　　　第16頁。

〔註77〕《至正條格・條格》卷二六《田令・准折事産》，韓國學中央研究院編，校注
　　　　本，2007年，第70頁。

十七下，俱各不敘，錢物追徵入官」。〔註78〕至元七年（1270）五月，大名路錄事司張祿，因年老且其元籍人口節次死亡外，止有妻阿王年七十一歲，無法當差。與此相同，至元二十二年（1286）八月，平灤路齊顯明因殘疾無法當差。他們均直接由戶部報經中書省批准，免除其差額。〔註79〕

　　婚姻方面是否符合禮節等程序則需要禮部統轄。大德三年（1299）七月，大名路魏縣元瑞轉嫁王玉女〔註80〕；大德八年（1304）二月，衛輝路王聚，定問到孟順女玉兒召有妻人耿世傑為婿〔註81〕；大德六年（1302）六月，河間路田秀強娶花心〔註82〕；等等，均係違背常規之婚姻行為，故此禮部加以禁止。禮部也對元朝有明確規定的婚姻財產案件加以處理，如：至元十八年（1281）四月彰德路湯陰縣軍戶王興祖舍居女婿案，至元三十一年（1294）十月大都路盧提舉家財案〔註83〕，二者均由禮部處理。

　　除了婚姻方面，禮部對有違禮節的戶政事宜亦加以管理。泰定二年（1325）六月，上都路思馬因用錢財買到牙納失里房院一所，違背元朝「不以公廨相鄰」的原則，禮部也對此予以糾正。〔註84〕

　　值得一提的是，中書省以外其他機構也把直隸省部視為其政策推行的關鍵著力點。如：司農司的立社事宜，先有真定路推廣至大名路、彰德路，至元七年（1270）閏十一月，尚書省〔備〕司農司呈：「大名、彰德等路在城居民俱係經紀買賣之家，並各局分人匠。恐有不務本業，游手好閒兇惡之人。合依真定等路，選立社、巷長教訓。」〔註85〕然後，才在全國推廣〔註86〕。

〔註78〕《至正條格・斷例》卷七《戶婚私取差發》，韓國學中央研究院編，校注本，2007年，第232頁。

〔註79〕《至正條格・條格》卷二七《孤老殘跡開除差額》，韓國學中央研究院編，校注本，2007年，第79頁。

〔註80〕《至正條格・斷例》卷八《戶婚・轉嫁男婦》，韓國學中央研究院編，校注本，2007年，第247頁。

〔註81〕《至正條格・斷例》卷八《戶婚・逐婿嫁女》，韓國學中央研究院編，校注本，2007年，第247頁。

〔註82〕《至正條格・斷例》卷八《戶婚・定婚聞奸強娶》，韓國學中央研究院編，校注本，2007年，第250頁。

〔註83〕《通制條格》卷四《戶令・親屬分財》，黃時鑒點校本，浙江古籍出版社，1986年，第53頁。

〔註84〕《至正條格・條格》卷二六《田令・公廨不為鄰》，韓國學中央研究院編，校注本，2007年，第67～68頁。

〔註85〕《至正條格・條格》卷二五《田令・立社》，韓國學中央研究院編，校注本，2007年，第43頁。

三、官吏選拔、遷調及鄉試

吏部主要管理官員的選調、遷轉等事務，「諸行省管轄官員若有多歲不經遷，過時不到任，及久曠未注，或緊急闕官，即須照勘明白，諮省定奪。其到任下任，例合標附人員，每月通行類諮。直隸省部路分准此。」〔註87〕該文件顯示，爲完善官員的遷轉等記錄，吏部要求各行省每月據此上報，而直隸省部地區各路分因不歸屬行省領導，則享有類似行省待遇，得以直接上報吏部。直隸省部官員「遷考」原則往往也成爲其他行省參照的標準。至元二十一年（1284）五月，元朝甚至有關於官員職田「比附腹裏官員職田體例」〔註88〕的規定。《元典章》卷九《吏部三‧倉庫官例》爲我們保留了類似範例：

> 大德八年七月，江浙行省准：中書省諮：吏部呈：腹裏至元二十五年呈准：各路司吏實歷請俸六十月，吏目歷兩考升都目，一考升提控，兩考升正九。若路司吏九十月歷吏目一考與都目，餘皆依上升。轉議得：江南提控案牘，除各路司吏比依腹裏路分至元二十五年呈准定例遷除。〔註89〕

此處可見，「腹裏路分至元二十五年呈准定例遷除」成爲江浙行省等江南地區官員遷考的準則。

直隸省部地區位居京畿地區，受中書省部直接領導，相對於其他行省而言，此處官員因容易受到省部器重，升遷機會相對較多，「舜欽劉君以濟寧府從事才能幹局，見知於省部，改尉廣宗」〔註90〕。直隸省部很多地方官員通過直接「赴部求任」的方式，獲得升遷。下述馮時昇即是此例：

> 今體察到：在都前市令馮時昇於行鋪人戶處取受行錢鈔六錠一十一兩三錢五分、黃米七石、面一百斤，制府現行追賠。其馮時昇

〔註86〕《至正條格‧條格》卷二五《田令‧農桑事宜》，韓國學中央研究院編，校注本，2007年，第45～46頁。

〔註87〕《通制條格》卷六《選舉‧選格》，黃時鑒點校本，浙江古籍出版社，1986年，第84頁。另見：《元典章》卷八《吏部二‧官制二‧選格‧至元新格》，臺北故宮博物院影印元刊本。

〔註88〕《通制條格》卷一三《祿令‧俸祿職田》，黃時鑒點校本，浙江古籍出版社，1986年，第141頁。

〔註89〕《元典章》卷九《吏部三‧倉庫官例》，臺北故宮博物院影印元刊本。

〔註90〕（元）胡祗遹：《紫山大全集》卷八《送劉舜欽縣尉之官廣宗序》，《三怡堂叢書》本。

却於今年四月間，賣大興府保解，赴部求任，省部依准，將馮時昇
遷除保定縣尉去訖。切詳市令係八品職官，其不公如此，事發在官，
已有承伏，乃於總府告稱勾當。〔註91〕

都前市令馮時昇因貪污腐敗，受到上司追查，卻因「赴部求任」，而「遷除保
定縣尉」。因貪污腐敗沒有受到追查，卻得到升遷，造成此等「不公」，幸有
監察官員王惲體察。應該說，一定程度上，緣於直隸省部地區地方官員可直
接同中書省部官員交往造成此案。

由於位處京畿，地方官員對直隸省部等腹裏地區趨之若鶩。以下材料或
可從側面反映這一問題：

至大三年十一月，尚書省吏部呈：議得常選流官各有應任地方，
其有年近致仕者，省部聽選之際，亦常量移近里。果有親年七十以
上，別無以次侍丁，若便憑准本官自具詞因，一例近便遷除。中間
恐有不實，因而壅塞腹裏窠缺，不能遷調。合從元籍官司自下而上
保勘明白，至日斟酌銓注。若有詐冒，從監察御史、廉訪司體察。
〔註92〕

此文件所謂「因而壅塞，腹裏窠缺，不能遷調」當是元代官員爭相到此任職
的陳述。許多官員以元朝「親年七十以上，別無以次侍丁，一例近便遷除」
的規定，通過「不實」手段，達到遷除本地的目的。此舉造成上述難題。爲
此，元朝要求監察御史、廉訪司加以體察，以防「詐冒」。

與其他王朝相同，元代依舊實行蔭敘制度。爲保證蔭敘官員素質，元朝
出臺「一經一史」考試制度。至大四年（1311），吏部明文規定，「直隸省部者，
約請翰林國史院官一員，與本部官一同欽依試驗。行省所轄去處，本省官同
儒學提舉或教授，依上考試。」〔註93〕。按此文件可知，對直隸省部地區官
員子弟蔭敘考試由吏部會同國史院直接測試，而行省地區則由行省官員與當
地儒學提舉司等負責。後爲強調這一原則，中書省和翰林國史院又聯合呈文：

延祐元年六月，中書省、翰林國史院呈：照得凡有承廕之人願

〔註91〕（元）王惲：《秋澗先生大全集》卷八八《彈市令馮時昇不公事狀》，《元人文
集珍本叢刊》本。

〔註92〕《通制條格》卷六《選舉·選格》，黃時鑒點校本，浙江古籍出版社，1986年，
第84頁。

〔註93〕《通制條格》卷六《選舉·蔭例》，黃時鑒點校本，浙江古籍出版社，1986年，
第91頁。

試者，本院正官一員就中書吏部試驗，今後如蒙移委監察御史監試，
庶能上副朝廷作成人才實意。都省議得：職官子孫承廕已有定例，
內則吏部官與翰林國史院官，在行省儒學提舉司等官，嚴加考試，
監察御史、廉訪司依例體察。〔註94〕

需要指出，此文件應與前述內外原則一致，「直隸省部者」明顯稱爲「內」，
而各行省則自然應爲「外」。

元朝對直隸省部等腹裏地區官員廕敘的特殊照顧，曾經是一項長期的不
成文規則。直到延祐元年（1314），江西行省專門向中書省發文諮詢此事，我
們看下面的文件：

延祐元年十二月，中書省江西行省諮：照得腹裏從陸至從柒品
流官子蔭授院務等官，俱有陞轉定例。江南平定日久，南北通除，
歷仕官員廕敘，正陸品官子巡檢內任用，漸次轉入流品，從六品子
止於近上錢穀官，雖任數十界，別無入流之例，不分允除係腹裏、
江南歷仕人員，但除南方者一概如此。且如根腳係江南入仕超陞之
人，俱經回降。既將正陸品以上子孫依腹裏歷仕人員例於流官內廕
敘，惟有從陸品至從七品人員子孫止令錢穀官內委用，不許陞轉，
誠爲偏負。如准與腹裏從陸品以下蔭敘錢穀官一體於雜職資品內流
轉，其於選例歸一。吏部議得：江南歷仕從陸品至從柒品官員，其
致仕身故之後而子孫承廕者，若擬不申，事涉不淪，亦合比依腹裏
廕例，一體移諮各處行省，將前項應廕之人，依例監當差使，滿日
於從玖品雜職陞用。都省准擬。〔註95〕

此文件可以看出，元朝前期，因考慮到南方歸附較晚，對於官員蔭敘，按照
官員任職地方，採取分別對待。腹裏地區爲「從陸至從柒品流官子蔭授院務
等官，俱有陞轉定例」。江南地區「正陸品官子巡檢內任用，漸次轉入流品，
從六品子止於近上錢穀官，雖任數十界，別無入流之例」。腹裏地區官員從六
品甚至從七品流官子弟，從院務官起步，且有陞轉的資格。江南地區即使是
正六品官員之子也只有從巡檢的職位開始，並且要在以後分批次給予陞轉的

〔註94〕《通制條格》卷六《選舉・蔭例》，黃時鑒點校本，浙江古籍出版社，1986年，
第91頁。
〔註95〕《通制條格》卷六《選舉・蔭敘錢穀》，黃時鑒點校本，浙江古籍出版社，1986
年，第97～98頁。

資格。從六品官員之子，只有從事錢穀之類的雜職，他們幾乎很難進入流品官的機會。從「亦合比依腹裏蔭例，一體移諮各處行省」的表述來看，此事應牽涉多數行省。其實，如此「誠爲偏負」之事，早有端倪，至元十九年（1282）十二月，中書省吏部文件就已經出現如下記載「江淮致仕身故官員子孫往往赴部告廕，今來比照腹裏達魯花赤、管民官承繼承廕，議擬到下項廕例」〔註96〕，通覽文件，可以看出雖然吏部給與一定比照，但最終是「難同腹裏一體定奪」。一直到延祐元年（1314）才由江西行省上奏後，加以更改。

我們再來看，中書省部對直隸省部地區鄉試的照顧措施。

關於元朝設置的鄉試考點，《元典章》卷三十一《禮部四・學校一・鄉試》延祐元年（1314）鄉試場所，有如下明確記載：

行省一十一處：河南、陝西、遼陽、四川、甘肅、雲南、嶺北、征東、江浙、江西、湖廣。宣慰司二處：河東冀寧路、山東濟南路。

直隸省部路分試四處：

眞定路、河間路、保定路、順德路、大名路、廣平路、彰德路、衛暉（輝）路、懷孟路；

東平路〔註97〕、濟寧州（路）、曹州、濮州、恩州、冠州、高唐州、泰安州、德州、東昌路；

大都路：大都、永平路；

上都路：上都、興和路。

從鄉試地點的設置來看，直隸省部地區明顯特殊，除了大都、上都兩個都城以外，還有兩個考試地點：眞定和東平，而其他各個行省只設置一個考點。眞定考點即爲燕南鄉試考點，蘇天爵曾寫有《燕南鄉貢進士題名記》，對該地中選者題名留存。元朝末年，天下大亂，燕南等地成爲元朝鄉試的最後陣地。至正二十五年（1365），「適當大比之歲……其鄉試不廢者，唯燕南、河南、山東、陝西、河東數道而已」〔註98〕。

元代鄉試時，由廉訪司負責「選差監試」。其原則爲：「行省與宣慰司鄉試，

〔註96〕《通制條格》卷六《選舉・選格》，黃時鑒點校本，浙江古籍出版社，1986年，第87頁。
〔註97〕東平路等地是後來隨著山東東西道宣慰司縮小，而歸屬直隸省部。故此在鄉試地點設置時，其歸入直隸省部地區。
〔註98〕《元史》卷九二《百官志八・選舉附錄》，中華書局，1976年，第2346頁。

有行臺去處，行省官與行臺官一同商議選差，如不拘廉訪司去處，行省官與監察御史選差。山東、河東宣慰司，眞定、東平路，同本道廉訪司選差。上都、大都，從省部選差。在內監察御史，在外廉訪司一員監試。」〔註99〕因爲元朝在眞定設有燕南河北道廉訪司，故此眞定和東平都有所屬廉訪司負責考試的監督等運作程序，而上都、大都則從省部選差，由御史臺派出監察御史安排。

　　對於鄉試結果，元朝有這樣規定：「中選者各給解據，錄連取中科文，行省所轄去處移諮都省送禮部，腹裏宣慰司及各路關申禮部，拘該監察御史、廉訪司依上錄連科文申臺轉呈都省，以憑照勘會試。」〔註100〕從中明確可以看出，「行省所轄去處移諮都省送禮部，腹裏、宣慰司及各路關申禮部」，此處的宣慰司應該指山東東西道宣慰司和河東山西道宣慰司，而各路則指代直隸省部地區各路。腹裏兩個宣慰司和直隸省部地區均直接關申禮部。

　　對直隸省部地區鄉試最優惠的當是中選人數的分配名額。對照下表〔註101〕，我們可以得出以下信息：

　　第一，從分配的中選總人數看，直隸省部地區明顯居全國一級行政區劃單位的首位，中選總數占 29.3％。即使除去後來加入直隸省部地區的東平路考點，依然佔有 23.3％，遠遠高於第二名江浙行省的 14.3％和第三名江西行省的 10.3％。直隸省部地區八十八人，腹裏地區一百二十人，直隸省部占腹裏地區總數的 73.3％，完全可以稱爲其主體部分。腹裏地區的中選總數竟然占全國總數的 40％。

　　第二，從各類別分配的中選人數看，除了南人以外，蒙古人、色目人、漢人三個類別，直隸省部地區分別爲三十一人、二十三人、三十四人，占各類別的比例分別爲：41.3％、30.7％、45.3％。均佔據全國一級行政區劃單位的首位，並遠遠超過下一位次的行省。

　　第三，單獨就直隸省部的四個考場而言，其在全國中選人數也占到最高地位。其中大都路分別是蒙古人和色目人的全國第一位，大都路蒙古人爲十

〔註99〕　《通制條格》卷五《學令・科舉》，黃時鑒點校本，浙江古籍出版社，1986年，第71頁。另見：《元典章》卷三一《禮部四・學校一・儒學・科舉程序條目》，臺北故宮博物院影印元刊本。

〔註100〕　《通制條格》卷五《學令・科舉》，黃時鑒點校本，浙江古籍出版社，1986年，第70頁。

〔註101〕　因南人中選者只是分佈在江浙、湖廣、江西、河南四行省，此處不再單獨考察。

五人，占蒙古人總數的 20%，色目人爲 10 人，占色目人總人數的 13.3%。眞定路是漢人的全國第一位，中選漢人數是 11 人，占漢人總人數的 14.7%。

　　由此可以看出，直隸省部地區在全國科舉考試中的顯著地位，甚至向以文化成就卓越的朱子之鄉江浙行省也無法與其相比。一方面，說明以大都、眞定爲首的直隸省部地區由於傳統文化積澱、政治中心所在等因素造成的文化發達，確實處於全國文化的最高水平。另一方面，又可以顯示出元朝對直隸省部地區文化發展進行政策層面的大力支持。

元代鄉試中選人數分佈統計表〔註 102〕

	蒙古人	位次	色目人	位次	漢人	位次	南人	總數	比例
大都路	15	1	10	1	10	2		35	11.6%
上都路	6	2	4		4			14	4.6%
真定路	5	3	5	5	11	1		21	7%
東平路	5	3	4		9	3		18	6%
直隸省部總數	31		23		34			88	29.3%
河東	5	3	4		7	5		16	5.3%
山東	4		5	5	7	5		16	5.3%
腹裏總數	40		32		48			120	40%
河南	5	3	5	5	9	3	7	26	8.7%
陝西	5	3	3		5	6		13	4，3%
遼陽	5	3	2		2			9	3%
四川	1		3		5	6		9	3%
甘肅	3		2		2			7	2.3%
雲南	1		2		2			5	1.7%
嶺北	3		2		1			6	2%
征東	1		1		1			3	1%
江浙	5	3	10	2			28	43	14.3%
江西	3		6	4			22	31	10.3%
湖廣	3		7	3			18	28	9.3%

〔註 102〕　本表數據來自《元史》卷八一《選舉志一・科目》。

四、司法刑獄

與行省轄區管理體制不同，中書省刑部直接負責直隸省部所屬路府州縣刑獄事務。濟寧路張猪狗用棒打死馮五、廣平路邢羊兒用頭撞死劉大，兩個案件均有中書省刑部審議〔註103〕。刑部官員有時候需要親臨路州審案，至元二十八年（1291）八月二十五日，刑部就「差奏差赴檀州審囚。」〔註104〕關於刑部對直隸省部地區直轄的問題，以下文件表現最詳：

> 大德十一年　月，行臺准，御史臺諮，承奉中書省箚付，近據刑部備：磁州知州張奉訓呈，成安縣人户田雲童於正月初二日將弟田二用擀麵杖歐打，伊母阿耿向前解勸，誤於頭上打傷，初三日身死。伊舅耿端陳告，本縣達魯花赤太帖木兒看循，不肯受理，於本縣劉主簿處告過，勾捉一干人等到官，達魯花赤太帖木兒初檢得：本屍頂心偏右新打破瘡口，長九分，闊三分，寫作炙瘡瘢痕，並額上左手右肩腰間青腫，口內血出，俱不寫入傷狀。令人邀請肥鄉縣複檢官吏捏合屍狀，定驗作因風氣病身死。卑職問出官吏取受及將田雲童等招詞開申，廣平路不行申覆上司，止照小節不完，又令卑職歸問，中間窒礙，不能盡言。看詳，人子之道，理當報本，歐母致死，罪莫大焉，若不僭呈差官前來審錄歸結，實非卑職獨力可辦之事。得此，差委前兩淮轉運鹽使司同知忽都牙里，鞫問是實。除田雲童別行結案外，問出成安縣達魯花赤太帖木兒狀招，受訖田雲童弟田安中統鈔一十五錠，雜色暗花緞子八匹，毛子一匹，除回付外，入己鈔七錠，折至元鈔七十貫，依枉法例，決訖八十七下，除名不敘。典史趙璧，要訖田安中統鈔四錠三十兩，緞子三匹，除回付外，入己中統鈔一錠，係枉法接行。司吏周德華，受訖田安中統鈔三錠，折至元鈔三十貫，係不枉法。各決訖五十七下，罷役不敘。肥鄉縣達魯花赤亦的、典史李榮、司吏孫榮祖，狀招不合，食用田安酒食，將複檢屍傷脫傷驗作因風氣病身死。將達魯花赤亦的量決四十七下，罷職不敘。典史李榮五十七下。罷役。司吏孫文質，又

〔註103〕 《至正條格·條格》卷三三《獄官·鬥毆殺人結案詳斷》，韓國學中央研究院編，校注本，2007年，第133頁。

〔註104〕 《經世大典·站赤四》，《永樂大典》卷一九四一九，中華書局，1986年，第7213頁。

招要中統鈔三錠，折至元鈔三十貫，係枉法，決杖七十七下，罷役不敘。廣平路官首領官不合不即飛申上司，及不勾追，赴路歸問罪犯別行外。都省議得：知州張奉訓正奉公，直申省部，辨明惡逆重事，糾正枉法官吏，除以優加陞用外，合下仰照驗施行。〔註105〕

該公文記錄了一件刑事連帶官員監察的典型案件，成安縣人田雲童誤將其母打傷致死，其舅耿端陳告於本縣達魯花赤太帖木兒，達魯花赤因收到田雲童弟田安贓款、贓物，不予立案。本縣劉主簿在審案過程中，達魯花赤又從中作梗，填寫虛假驗屍報告，鄰縣肥鄉縣複檢中，爲開脫罪犯，驗定「風氣病身死」。幸有磁州奉訓大夫張知州調查出事實真相。然而，該知州上報廣平路總管府，卻得到答覆「不行申覆上司，止照小節不完」，併發回州府處理。知州只好越級上報中書省刑部，刑部「差委前兩淮轉運鹽使司同知忽都牙里」，最後查清事實，並將一干人等加以懲處。因該案件牽涉到官員集體舞弊，而該項工作則主要由御史臺負責，故此，中書省劄付御史臺及行臺。此文件還可以反映出以下幾個問題：

第一，遇到特殊案件，直隸省部官員可以越級上奏刑部。此處磁州知州越級廣平路總管府，即是此例。雖然元朝命令規定「毋得隔越聞奏，違者究治」〔註106〕，但此處磁州知州卻並沒有因「僭呈」，受到追究，相反卻「優加陞用」。

第二，除上述刑部官員親臨地方審理案件外，刑部還可以通過「差委」〔註107〕方式，異地調遣官員辦案。此案件即由刑部調遣前兩淮轉運鹽使司同知忽都牙里辦理。

第三，元代地方官員貪贓枉法現象較爲嚴重。此案中，成安縣達魯花赤太帖木兒、典史趙璧、司吏周德華和肥鄉縣達魯花赤亦的、典史李榮、司吏孫榮祖等均捲入此案。

除了上述刑事案件以外，刑部還負責直隸省部地區其他相關事務。在直隸省部地區，刑部可以直接張榜禁止不良行爲。大都街上曾出現「潑皮廝打

〔註105〕《元典章》卷五四《刑部一六・雜犯一・違枉・打死驗作病死》，臺北故宮博物院影印元刊本。
〔註106〕《元典章》卷二《聖政一・振朝綱》「大德十一年十二月」條，臺北故宮博物院影印元刊本。
〔註107〕《元典章》卷一四《吏部八・公規二・差委》，臺北故宮博物院影印元刊本。

底，跳神師婆並夜聚曉散底」等擾亂「夜禁」秩序的聚眾現象。爲此，兵刑部於至元十一年（1274）五月十六日接到都堂鈞旨「仰本部行文字禁斷」〔註108〕。元貞二年（1296）三月，東平路連降八日大雨，沖毀城東堤口，造成百姓房屋被淹沒以及淹死人口的災害，刑部負責對有關官員加以懲治：「總管府官吏，量各罰俸壹月，須城縣官吏，即係親管官司，達魯花赤、縣尹，各決貳十七下，典史、司吏，各決壹十七下，標附。」〔註109〕爲有效保障官員致仕以後的養老問題，並確定其任期內無違法行爲，至順二年（1331）十一月，戶部專門就此事上報，中書省答覆「在京並腹裏路分各處官司，就申刑部照勘，在外者，行省類諮」〔註110〕。由此可見，直隸省部等腹裏地區官員審查直接由刑部負責，而其他行省則須經由行省。

因直隸省部位處京畿，各處行省發往刑部的案犯，必須經過直隸省部地區。延祐二年（1315）六月，元朝以「人命至重，死非復生」爲由，對出軍罪囚，要求必須杖瘡痊癒，方可出軍，並且妻子可以跟隨，此外還要求「直隸省部路分差相應人長押站赤，應付飲食至刑部。……腹裏各道宣慰司等衙門並直隸省部路分依上發遣被差人等」〔註111〕。此舉無疑增加了直隸省部地方政府的負擔。

五、驛站管理

「元制站赤者，驛傳之譯名也。蓋以通達邊情，布宣號令，古人所謂置郵而傳命，未有重於此者焉。……元之天下，視前代所以爲極盛也」〔註112〕，故此元代驛站發達。大都作爲全國的政治中心，環繞大都的直隸省部成爲大都通往全國各地的第一驛道關節點，默書民對兩都之間、大都通往中南地區和以南地區的驛道都做了研究〔註113〕，白少雙等探討了眞定路交

〔註108〕　《元典章》卷五七《刑部一九·諸禁·禁聚眾·禁跳神師婆》，臺北故宮博物院影印元刊本。

〔註109〕　《至正條格·斷例》卷三《職制·修堤失時》，韓國學中央研究院編，校注本，2007年，第191頁。

〔註110〕　《至正條格·條格》卷三〇《賞令·優禮致仕》，韓國學中央研究院編，校注本，2007年，第107頁。

〔註111〕　《元典章》新集《至治條例·刑獄·押發流囚期限名數》，臺北故宮博物院影印元刊本。

〔註112〕　《元史》卷一〇一《兵志四·站赤》，中華書局，1976年，第2583頁。

〔註113〕　默書民：《蒙元郵驛研究》，暨南大學博士論文，2004年，第54頁。

通的重要性〔註114〕。此處只就直隸省部驛站的重要性及元朝強化對直隸省部地區驛站的管理簡要討論。

元代站赤「總之於通政院及中書兵部」〔註115〕，「元代驛站的中央管轄權，在通政院和兵部之間有過數次交替」〔註116〕。由於直隸省部地區驛站資源有限，元朝採取相應措施減緩緊張局面。按照元朝朝儀規定，每遇皇帝即位、元正、冊封皇后和皇太子等重大節日，官員要進表祝賀，但各地官員派員進京勢必佔用驛站資源。如前述至大四年（1311）針對「進表爲由，泛濫一體差人馳驛」的情況，兵部下令「不許另行給驛」。〔註117〕下文中很多文件，可以看出，通政院在元代驛站管理中也具有重要地位。

直隸省部地區很多驛站佔據衝要。元朝實行兩都制以後，元朝皇帝每年兩都巡幸，由此造成大都和上都之間交通繁忙。元人周伯琦曾言「大抵兩都相望，不滿千里，往來者有四道焉。曰驛路，曰中路，二曰西路、東路。」〔註118〕來往兩都之間，還有所謂的望雲驛道，中統元年（1260）五月，「立望雲驛，非軍事毋得輒入。」〔註119〕兩都之間重要驛站之一爲興和路〔註120〕。兩都交通線以外，大都通往南方的驛道也比較繁忙。大都路，「良鄉、涿州，驛當通道，內外運轉，必由於此，比之他路，繁劇勞苦莫甚。」〔註121〕河間路清州會川縣，「路當山東益都、淄萊、濟南等處衝要」〔註122〕；保定路慶都站，「立本驛路當衝要」〔註123〕；眞定路「居燕南孔道，使者旁午」〔註124〕。該

〔註114〕　白少雙、馮瑞建、劉春燕：《元代眞定路交通淺探》，《青海師專學報》2008年第2期。

〔註115〕　《元史》卷一○一《兵志四·站赤》，中華書局，1976年，第2583頁。

〔註116〕　默書民：《蒙元郵驛研究》，暨南大學博士論文，2004年，第54頁。

〔註117〕　《永樂大典》卷一九四二五《站·成憲綱要·驛站》，中華書局，1986年，第7285頁。另見：《元典章》卷二八《禮部一·各衙門進表·表箋》，臺北故宮博物院影印元刊本。

〔註118〕　（元）周伯琦：《近光集·扈從集·前序》，《文淵閣四庫全書》本。

〔註119〕　《元史》卷四《世祖本紀一》，中華書局，1976年，第66頁。

〔註120〕　參見第六章興和路的站赤交通，茲不復錄。

〔註121〕　《經世大典·站赤四》，《永樂大典》卷一九四一九，中華書局，1986年，第7215頁。

〔註122〕　《經世大典·站赤二》，《永樂大典》卷一九四一七，中華書局，1986年，第7198頁。

〔註123〕　《經世大典·站赤四》，《永樂大典》卷一九四一九，中華書局，1986年，第7216頁。

〔註124〕　（元）蘇天爵：《滋溪文稿》卷一八《元故承德郎眞定路總管府判官趙公墓碑銘》，陳高華、孟繁清點校，中華書局，1997年，第301頁。

地區驛站的重要性還表現在，元朝把河間、眞定作爲「起馬」之地，並作爲有元一朝的長期制度。這一規定始於至元三十年（1293），具體如下：

> 通政院言：各處之任官員，繫於河間、眞定起馬。今有宣撫忽里哥等赴長河西之任，未審如何應付，請區處事。都省定議：遠方之任官員，合起鋪馬，減定數目。如通水路，止給站船，陸路則自河間、眞定爲始，如數應付。行移合屬。依上施行。〔註125〕

除了上述陸站衝要以外，直隸省部地區的水站也比較繁忙。至元二十九年（1292）正月十五日，通政院因「衛輝、大名、彰德三路站船數多，運物繁多，船弊畜喪，站戶貧困」，報經兵部批准，在站戶自行買備牽船驢畜的基礎上，增加船隻，「大名路原設船一十五艘，今增五十料船一十五艘，撥站戶一百五戶。彰德路原置船一十艘，量增七十料船一十艘，用戶一百戶，五十料船一十艘，用戶七十戶。衛輝路原設船一十艘，本驛係御河上源淺窄，擬增三十料船一十艘，用戶五十戶，又五十料船一十艘，用戶七十戶。」〔註126〕

直隸省部地區交通之繁忙，在於其物資運輸之艱難，以至元三十年（1293）保定路慶都站說明如下：

> 是年，保定路慶都站。立本驛路當衝要，無時官使往來，供給繁重，鋪馬勞苦。緣立站之時，馬價多不過十兩，豆粟斗直三二分。比年旱澇相仍，諸物騰踊，馬價少者八九定，又直收刷無從市易，豆粟斗直一兩有餘。比於初立增多何啻數倍，站赤疲弊，職斯之由。切照每歲葡萄酒、酥油、水銀、西天布、硫黃、西番僧皮搉馱子、青麥、鹽貨等類，每運馬八九十匹，歲計千餘匹。上項諸名件，乃年例出產職貢，難同馳驛急索之例。今後合無自初起程，如遇水路從舟起運，果值陸程隘道，以馬接運，及至平川復以車力濟之，且如車一輛用馬六匹，可以抵乘馱馬一十五匹，及牽引馬八匹之力，省馬一十七匹，以備馳驛之用。一年之內可起馬八百餘匹。如准所言，庶幾站戶鋪馬俱得寧息。都省議令兵部照勘所屬各路站赤，可

〔註125〕《經世大典・站赤四》，《永樂大典》卷一九四一九，中華書局，1986年，第7216頁。
〔註126〕《經世大典・站赤四》，《永樂大典》卷一九四一九，中華書局，1986年，第7214頁。

減馬匹增設車船，而通政院以爲摘減鋪馬，增設車站，似爲重複。

　　省部准擬行移通政院。照會施行。〔註127〕

從文件可以看出，因運輸物類繁多，尤其是物價騰貴，給直隸省部地區的驛站交通帶來很大的困難，元朝通過調整水路運輸及平原車運物資等手段來緩解壓力。

　　爲保證驛站正常運作，元朝政府不得不特殊照顧直隸省部地區的驛站，採取了多種維護措施：一是針對「站戶當役不前，逃竄者眾」的狀況，元朝多次發佈「所據在逃人戶，督勒合屬招諭復業」〔註128〕。二是針對「自春至秋，旱暵無雨，禾草不生，站戶消乏尤甚」的情況，「驗時價給鈔賑之」〔註129〕。三是直接追加驛站物資，如對「運物輻輳，站車不敷」的大都路涿州至彰德路宜溝車站一十處，「除見設外，量添下項車輛。每輛須載二千斤，驢一十二頭。涿州十五輛，定興十輛，保定一十輛，中山一十輛，眞定在城一十輛，趙州五輛，內丘五輛，臨（洛）〔沿〕五輛，磁州五輛，宜溝五輛。」〔註130〕四是把「間里站遠」站赤和「閒有」站赤調整。至元二十九年（1292），「在先攻打襄陽府時節，保定路至大名路，教使臣每抄直的上頭一十四個站立來，如今那站道上，使臣不行有閒有，把那站罷了，那裡頭將的來雲州至獨石兩其間裏一個站添放者。別個的，眞定至大都站家，二三年田禾不曾收來，氣力哏消乏了，那站裏添放呵。」〔註131〕

　　除了物價騰貴、自然災害等客觀因素以外，直隸省部地區的驛站受到權貴的歧視也引起元朝注意。下文是延祐四年（1317）九月的一份公文：

　　大都路良鄉驛言：自閏正月二十五日，涿州驛送到晉王位下來使鎖禿等四人，又西番大師加瓦藏卜等七人到驛，各索走蹓馬匹，提領百戶皆被鞭捶，越次選取馬竄馬，供給。二月一日，復有西番

〔註127〕《經世大典‧站赤四》，《永樂大典》卷一九四一九，中華書局，1986年，第7216頁。

〔註128〕《經世大典‧站赤六》，《永樂大典》卷一九四二一，中華書局，1986年，第7230頁。

〔註129〕《經世大典‧站赤六》，《永樂大典》卷一九四二一，中華書局，1986年，第7232～7233頁。

〔註130〕《經世大典‧站赤四》，《永樂大典》卷一九四一九，中華書局，1986年，第7221頁。

〔註131〕《經世大典‧站赤八》，《永樂大典》卷一九四二三，中華書局，1986年，第7259頁。

僧短木察罕不花八哈失等二十一人，起正馬三十二匹，回馬十匹，
需求走驟馬匹，捶撻站赤，恃威選馬，無所控訴。竊照本驛置於輦
轂之下，南北衝要，供給浩繁，似此被害，何以堪命。乞禁治事。
省部照擬得國家設置驛傳，所以通邊情，備急務。近年以來，諸官
府給驛繁數，站民匱乏，至於今歲尤甚，且大都南北六道站赤，比
之各省，又重苦之，朝廷每加優恤，今此所陳，良可哀憫。若不嚴
行禁約，誠恐逼臨站戶逃竄，廢絕站赤，深爲未便。都省出榜諸站
及下各路依上施行，仍諮行省一體禁治。〔註132〕

對此「置於輦轂之下，南北衝要，供給浩繁，似此被害，何以堪命」的反響
強烈問題，元朝政府深刻認識到可能造成「站戶逃竄，廢絕站赤，深爲未便」
的嚴重後果，但對此問題的解決，除了「大都南北六道站赤，比之各省，又
重苦之，朝廷每加優恤，今此所陳，良可哀憫」的深表同情之外，只是發文
「都省出榜諸站，及下各路依上施行，仍諮行省一體禁治」，而沒有更爲嚴格
的懲處措施。至於燕南河北道廉訪司副使不忽木懲治通事脫虎脫及西僧一事
〔註133〕，雖然也是起由西僧「棰打驛吏幾死」，但類似事件元朝極少發生，此
舉主要緣於不忽木的近侍身份。故此，驛站受到權貴欺凌成爲元朝一項長期
詬病。

小結

隨著黃河下游城市逐漸成爲中原王朝的政治中心，北方民族政權對中原
的關注焦點也移到東線，從而河北地區漸受重視。在遼金王朝經營基礎上，
元朝確立上都、大都的兩都制，使得河北地區演變成爲「直隸省部」的畿輔。
元代「直隸省部」上承漢唐畿輔之傳統，更來源於蒙古的中央兀魯思制度。
元代「直隸省部」管轄區域變化較爲頻繁，這種變化和燕南河北道宣慰司的
設廢、山東宣慰司的縮小相一致，元代中原投下分封也是直隸省部演變不可
忽視的因素。元朝中書省部等各中央部門對直隸省部地區的直接管理，正是
該地區稱之爲「直隸」的最顯著特點。元代直隸省部爲以後的明清時代直隸

〔註132〕《經世大典‧站赤六》，《永樂大典》卷一九四二一，中華書局，1986年，第
　　　　7235頁。
〔註133〕《元史》卷一三○《不忽木傳》，中華書局，1976年，第3167頁。

省的確立奠定了基礎。可以說，元代「直隸省部」是河北地區「直隸省」的發端。

綜合本章所論，基本可以歸納出元代「直隸省部」政治方面三個特徵：

第一，元代「直隸省部」的出現受到蒙古中央兀魯思等風俗的影響。

元代直隸省部地區的確立與元朝實行行省制度密切相關。元代行省制度的出現正是中原傳承和蒙古習慣相結合的結果〔註134〕。金朝後期所謂行尚書省的設置均爲臨時性機構，如：孛朮魯德裕行尚書省於大名府〔註135〕，侯摯行尚書省於河北東西路〔註136〕。蒙古在佔領金朝版圖的同時，「既取中原定四方，豪傑之來歸者，或因其舊而命官，若行省、領省、大元帥、副元帥之屬者也」〔註137〕，此時即爲日本學者前田直典所謂「路的行省」〔註138〕階段。蒙古滅金後，河北地區歸屬燕京斷事官管轄。元朝行省制度確立後，「分天下爲十一省，以山東西、河北之地爲腹裏，隸都省」〔註139〕。元代腹裏政區明顯受蒙古舊制影響。

成吉思汗草原兀魯思分封有中央兀魯思和左右翼之分。據《蒙古秘史》記載，「鼠兒年（1228），察阿歹、巴禿等右翼諸子，斡惕赤斤那顏、也古、也孫格等左翼諸子，在中央的拖雷等諸子，公主、駙馬、萬戶、千戶等全體，都在客魯連河闊迭額——阿剌勒聚會。……把在中央〔本土〕的人民，也按照這規則，如數〔點校〕了。」〔註140〕由此可知，成吉思汗去世後，拖雷以幼子監國，直接管理中央兀魯思。窩闊台爲汗，又接管中央兀魯思。溫海清

〔註134〕　李治安師在《元代行省制度（上）》（中華書局，2011年，第14～15頁）指出：「儘管燕京等處三斷事官晚於金行尚書省，客觀上受其影響完全有可能，但燕京等處三斷事官的主體框架及內容，乃是蒙古斷事官制在治理新征服區域內的進一步發展。正因爲這樣，我們才把燕京處三斷事官當作元行省制的第二個直接來源，而且是來自蒙古高原官制的重要來源。」

〔註135〕　（元）脫脫等：《金史》卷一四《宣宗紀上》，中華書局，1975年，第305頁。

〔註136〕　（元）脫脫等：《金史》卷一四《宣宗紀上》，中華書局，1975年，第311頁。

〔註137〕　《經世大典序錄·治典總序·制官》，蘇天爵：《元文類》卷四〇，商務印書館，1936年，第531頁。

〔註138〕　《元朝行省の成立過程》，史學雜誌56編6號，1945年。參見：李治安師《行省制度研究》，南開大學出版社，2000年，第5頁。

〔註139〕　《經世大典序錄·賦典總序·都邑》，蘇天爵：《元文類》卷四〇，商務印書館，1936年，第516頁。另《元史·地理志》：「中書省統山東、西、河北之地，謂之腹裏。」

〔註140〕　札奇斯欽：《蒙古秘史新譯並注釋》續卷二「二六九節」，（臺北）聯經出版事業公司，1979年，第424頁。

博士從成吉思汗分封、攻金和窩闊台丙申分封等方面，指出「華北地區的政區設計，深深烙下了蒙古分封制度的痕跡。」〔註141〕李治安師則精確分析了蒙古制度對腹裏地區行政的影響：

> 在政區的整體框架上，元朝統治者還有意無意地模仿漠北蒙古本土中央兀魯思和東道、西道宗王兀魯思的方位構建，設計了「腹裏」地區中部由中書省直轄，東、西兩翼另增設宣慰司的方式。儘管它們存在宗王封地和宣慰司統轄的差異，但在區別「腹裏」地區中部和東、西兩翼不同情況相應採取不同管轄方式上，元朝「腹裏」地區與漠北蒙古可謂異曲同工。〔註142〕

據此，元朝腹裏地區分爲三個部分：河北地區居中，直隸中書省；河東山西地區居右，設河東山西道宣慰司；山東地區居左，設山東東西道宣慰司。河北地區作爲大汗直轄區域，山東、山西作爲左、右翼分支區域。「大汗居中、左右分翼」情形和草原兀魯思分封原則基本一致。

另外，元代「直隸省部」與蒙古在該地區的分封制度體現極爲一致的原則。定宗貴由的大名路，朮兒帖和拖雷的眞定路，忽必烈的封地懷孟路和潛邸駐地興和路，這些曾任或代任大汗的封地均在直隸省部轄區，而大汗所屬右手萬戶博爾朮家族的邢洺路（後調整爲廣平路），乃至左手萬戶木華黎家族的東平，最後也歸屬直隸省部轄區。

第二，中書省及六部的直接管理是「直隸省部」的主要政治特性。

元代直隸省部地區最顯著的特徵是中央統轄其行政運作。以上我們專門從公文呈發，賦役、戶婚，吏員選拔、遷調及鄉試，司法刑獄，驛站管理，五個方面就中書省六部對直隸省部的直接管理加以系統研究。由此可以看出：首先，在所有省級地方建制中〔註143〕，直隸省部與中書省關係最爲密切；其次，中書省部實行的很多政策往往先有直隸省部地區實施，再推行到其他行省；再次，中書省對直隸省部的管理，很多以腹裏地區的名義提出的；又

〔註141〕 溫海清：《金元之際的華北地方行政建置——〈元史·地理志〉腹裏部分研究》，復旦大學博士論文，2008年，第73頁。

〔註142〕 李治安師：《元中書省直轄「腹裏」政區考略》，李治安師主編《元代華北地區研究》，南開大學出版社，2008年，第56頁。

〔註143〕 前已指出，宣慰司等在一定程度上可以和行省併列爲一級機構。參見：陳高華、史衛民：《中國政治制度通史·元代卷》，人民出版社，1996年，第120頁。

次，因位居京畿，直隸省部地區很多官員籍此得以升遷；最後，元朝大都的物資、驛站等方面需求，也是由直隸省部地區爲主給以供應，此舉加重了直隸省部地區人民的生活負擔。

需要明確指出的是，元代中央直轄的「直隸省部」制度尚且不成熟、不完善。這可以從兩個方面理解：一方面，元代直隸省部地區管轄範圍的不確定性，前後變化很大。由上述對於元朝直隸省部區域變遷考述可知，除了早期難以確定以外，直隸省部路分由至元二十五年（1288）六個路分，中間經過十三個路分、十九個路（州），最後成爲至大二年（1309）的二十三個路（州）。第一次重要變遷是由於燕南河北道宣慰司的廢除，第三次是由於山東東西道宣慰司大大縮小。總體趨向是「直隸省部」範圍擴大。另一方面，直隸省部地區與腹裏地區交織在一起。很多制度是以腹裏面目出現。直隸省部受中書省部直接領導大多時候是通過腹裏的形式體現出來的，但即使在腹裏地區內部，直隸省部地區和東西兩翼的宣慰司也存在不同的辦事程序。《至正條格》有一份關於「燒毀昏鈔」的規定：「自泰定四年夏季爲始，山東、河東兩道，於廉訪司置司去處，教廉訪司官與本道宣慰司官，濟南、冀寧路官一同燒毀。燕南一道，於六部官輪流差官一員，與廉訪司、眞定路官一同檢閘燒毀。」〔註144〕此文件關於「燒毀昏鈔」的程序中，山東、山西兩個宣慰司「於廉訪司置司去處，教廉訪司官與本道宣慰司官，濟南、冀寧路官一同燒毀」，而直隸省部所轄的「燕南廉訪司」卻要「於六部官輪流差官一員，與廉訪司、眞定路官一同檢閘燒毀」。

第三，元朝直隸省部是中國古代畿輔制度發展的重要一環。

漢代定都長安以後，逐步形成了「京兆尹、左馮翊、右扶風」的京畿三輔制度。再次定都長安的唐王朝使得京兆制度更加完善。元王朝作爲中原王朝重要一環，其北方游牧民族根基造成了蒙漢二元特色。這一特色在建都歷史上的重要表現就是第一次將大都作爲統一王朝的政治中心。再加上蒙古草原中央兀魯思的影響，河北地區從此成爲元王朝畿輔性質的「直隸省部」。

〔註144〕《至正條格・條格》卷二十三《倉庫・燒毀昏鈔》，韓國學中央研究院編，校注本，2007 年，第 23 頁。此份文件還規定：「永平、興和、河西務、宣德這幾處，並大都庫分昏鈔，依舊教這裡燒毀。……又懷慶、彰德、衛輝三路昏鈔教河南省依例燒毀。」由此可知，元代直隸省部地區由於所處不同廉訪司管轄，其不同地區的路分事權還存在明顯的差別，這些差別隨著明代直隸省建制和區劃的逐步穩定而日漸清晰。

　　除了早期以外，元代「直隸省部」地區的管轄範圍大略相當西漢十三部州之幽州、冀州兩個州部刺史管轄區，遠遠超過所謂「京兆尹、左馮翊、右扶風」的漢唐京畿三輔轄區，也較明清直隸八府要大，從其中我們似乎可以窺視出一種承上啓下、蒙漢兼容的中央直轄區的演變程序。或由於對元代行省制度的繼承，再加上定都於北京的共同命運，元代「直隸省部」的省級建制被其後明清王朝繼承並逐步完善，最終成爲中國歷史上最重要的畿輔。從歷史長時段審視元代直隸省部，可以窺見中國畿輔制度變遷的重要一環。

第三章　直隸省部地區的軍事駐屯

　　自秦漢以來，軍事權同行政權和監察權一起構成維護皇權的三大支柱。蕭啓慶先生指出：「武力是歷來各王朝維持其政權存在的王牌，而維持強大的中央武力則是達成中央集權的王牌。」〔註1〕漢、唐、宋、明、清各朝均設置歸屬中央直接領導的強師勁旅，以抵禦外邦侵略和鎮壓內部叛亂，由此形成京畿地域內的龐大軍事系統。元朝作爲具有鮮明特徵的征服王朝，吸收了匈奴等北方民族左右翼、千戶制等軍事管理方法。同時以都城爲政治核心的元朝時代又必須利用傳統中原王朝維護京畿的軍事布局。故此，元朝京畿地區的軍事，繼承漢唐宋等中原王朝和遼金等北方民族政權的雙重性，成爲「中國和北亞兩個不同政治傳統的幅合」〔註2〕。

　　由前述內容可知，直隸省部地區在政治方面受中書省直接管理，與政治色彩相一致，元朝在直隸省部地區部署強大的軍事防禦體系，正如元人所言：「昔世祖皇帝分置侍從親軍於畿甸，爲諸衛所，以藩屏王室，張皇國威」〔註3〕。由此，直隸省部地區的軍事色彩和政治特色一起奠定了河北的「畿輔」特徵。

　　就元朝軍事制度整體而言，「元制，宿衛諸軍在內，而鎮戍諸軍在外，內外相維，以制輕重之勢，亦一代之良法哉」〔註4〕。元朝軍隊分爲宿衛和鎮戍

〔註1〕　蕭啓慶：《元代的宿衛制度》，《元代史新探》，新文豐出版公司，1983年，第59頁。

〔註2〕　蕭啓慶：《元代的宿衛制度》，《元代史新探》，新文豐出版公司，1983年，第62頁。

〔註3〕　（元）熊夢祥：《析津志輯佚》之《朝堂公宇》「中衛營」條，北京古籍出版社，1983年，第35頁。

〔註4〕　《元史》卷九九《兵志二・宿衛》，中華書局，1976年，第2523頁。

兩大系統，護衛兩都是宿衛系統重要職能。關於元朝的宿衛軍及其宿衛制度，學界已經做過很多研究〔註5〕。宿衛諸軍，又分爲怯薛軍和侍衛親軍兩個不同的組織。對於怯薛軍，《元史》曾言：「若夫宿衛之士，則謂之怯薛歹，亦以三日分番入衛。其初名數甚簡，後累增爲萬四千人。揆之古制，猶天子之禁軍。是故無事則各執其事，以備宿衛禁庭；有事則惟天子之所指使。比之樞密各衛諸軍，於是爲尤親信者也。」〔註6〕故其可算爲蒙元大汗私人武裝，且從長時段考察其對直隸省部的影響不甚明顯，故此處未予窺及，我們側重於與直隸省部地區關係密切的元代侍衛親軍組織的考察。本章內容主要吸收前人研究成果，對直隸省部地區的侍衛軍隊的形成與變遷、基本職能、各衛屯駐等方面內容進行探討，以期從軍事方面對元代直隸省部地區的特殊性加以說明。

第一節　侍衛親軍的創建及變遷

自古，北方民族諸政權均發展有貴族私人武裝，「（成吉思汗的怯薛）是對自匈奴以來北方草原上傳承已久的貴族侍衛親軍的繼承、發展。……侍衛親軍制度在匈奴以降諸多建立過政權的民族中均有傳承。」〔註7〕蒙元前四汗時期，基本承襲了這一傳承，一直到忽必烈時期才轉向具有唐、宋、金諸朝禁軍性質的侍衛親軍部隊。《元史·兵志》對成吉思汗以來直至忽必烈乃至元後期的宿衛制度有基本說明：

〔註5〕　參見：蕭啓慶：《元代的宿衛制度》，《元代史新探》，新文豐出版公司，1983年，第59～111頁。周良霄、顧菊英：《元代史》，上海人民出版社，1993年，第436～443頁。史衛民：《元代史衛親軍組織的職能》，《中國史研究》1987年第3期；《元代侍衛軍建置沿革考述》，《元史論叢》，第四輯，中華書局，1992年；《元代軍事史》，《中國軍事史》第十四卷，軍事科學出版社，1998年，第215～238頁。葉新民：《元代的欽察、康里、阿速、唐兀衛軍》，《內蒙古社會科學》1983年第6期。劉迎勝：《欽察親軍左右翼考》，《元史論叢》第十一輯，天津古籍出版社，2009年，第10～25頁。日本學者也對元朝的侍衛親軍作了很多研究，主要有：井戶一公：《元朝侍衛親軍的成立》，《九州大學東洋史論集》10號，1982年3月；《關於元代侍衛親軍的諸衛》，載《九州大學東洋史論集》12號1983年11月。池內功：《忽必烈政權的建立及其麾下的漢軍》，《蒙古學資料與情報》1986年第3期。

〔註6〕　《元史》卷九九《兵志二·宿衛》，中華書局，1976年，第2525頁。

〔註7〕　曉克：《北方草原民族侍衛親軍制初探》，《內蒙古社會科學》2007年第5期。

宿衛者，天子之禁兵也。元制，宿衛諸軍在內，而鎮戍諸軍在外，內外相維，以制輕重之勢，亦一代之良法哉。方太祖時，以木華黎、赤老溫、博爾忽、博爾術爲四怯薛，領怯薛歹分番宿衛。及世祖時，又設五衛，以象五方，始有侍衛親軍之屬，置都指揮使以領之。而其後增置改易，於是禁兵之設，殆不止於前矣。夫屬橐鞬，列宮禁，宿衛之事也，而其用非一端。用之於大朝會，則謂之圍宿軍；用之於大祭祀，則謂之儀仗軍；車駕巡幸用之，則曰扈從軍；守護天子之帑藏，則曰看守軍；或夜以之警非常，則爲巡邏軍；或歲漕至京師用之以彈壓，則爲鎮遏軍。今總之爲宿衛，而以餘者附見焉。〔註8〕

忽必烈即位伊始，急需一支屬於大汗支配的強大軍事力量來與阿里不哥進行汗位鬥爭，而原來蒙哥的蒙古軍隊多跟隨阿里不哥，此時的漢人世侯和漢人謀臣的大力支持，等等，都成爲忽必烈創建侍衛親軍的背景。史衛民先生對此強調：「由於受到大多數蒙古軍不直接隸屬於忽必烈、探馬赤軍大量散逸和大多數漢軍站在忽必烈一邊等客觀條件的限制，尤其是當時忽必烈統治的中心已是中原漢地，而非漠北草原，僅有的怯薛組織難以肩負起護衛京師，扈從大汗，監臨各軍的三重任務，使得忽必烈不得不考慮以漢軍爲主體，來建立一種新的宿衛部隊。」〔註9〕

元初謀臣姚樞首倡「漢軍除守禦內邊，選精勇富強三萬，燕京東西分屯置營，以壯神都」，此舉可謂「左、右、中三衛起本者」〔註10〕。組建侍衛親軍的最早長官當爲忽必烈極爲倚重的藁城董氏家族的董文用，「世祖即位，建元中統。文用持詔宣諭邊郡，且擇諸軍充侍衛。」〔註11〕中統元年（1260）四月，「征諸道兵六千五百人赴京師宿衛。」〔註12〕正式宣告了元代侍衛親軍的創置。此處「諸道」應爲眞定史天澤、藁城董文炳、東平嚴忠濟、濟南張榮、順天張柔以及石抹乣查剌、昔剌忙古帶等早期追隨忽必烈的漢人世侯。《元史·兵志》「宿衛」條有詳細說明：「世祖中統元年四月，諭隨路管軍萬戶，

〔註8〕《元史》卷九九《兵志二·宿衛》，中華書局，1976年，第2523頁。

〔註9〕史衛民：《忽必烈與武衛軍》，《北方文物》1986年第2期。

〔註10〕（元）姚燧：《牧庵集》卷一五《中書左丞姚文獻公神道碑》，四部叢刊本。

〔註11〕《元史》卷一四八《董文用傳》，中華書局，1976年，第3495頁。

〔註12〕《元史》卷四《世祖本紀一》，中華書局，1976年，第65頁。

有舊從萬戶三哥〔註13〕西征軍人，悉遣至京師充防城軍：忙古帶軍三百一十九人，嚴萬戶軍一千三百四十五人，濟南路軍一百四十人，脫赤剌軍一百四十九人，查剌軍一百四十五人，馬總管軍一百四十四人。」〔註14〕金朝武衛軍「掌防衛都城，警捕盜賊」〔註15〕，忽必烈沿用金制，這支軍隊也稱爲武衛軍，是爲元代最早的侍衛親軍組織。〔註16〕武衛軍全部由漢軍組成，並且直接歸屬忽必烈指揮，這一點同以後侍衛親軍直接歸屬樞密院領導，頗爲不同，主要是忽必烈與阿里不哥爭位的特殊時期使然。

武衛軍組建之初，基本按照其選充士兵多少的原則，選擇漢軍世侯嫡系親屬及其部下擔任武衛親軍領導職務。武衛軍都指揮使爲董文炳和史天澤姻親李伯祐。武衛軍副都指揮使爲史天澤部將鄭江、嚴中濟部將劉復亨。武衛軍千戶則有張柔部將王仲仁、張榮部將劉思敬、董文炳胞弟董文蔚等。除了武衛軍組建者董氏家族以外，史天澤和嚴中濟部將的職務以及「舊從萬戶三哥西征軍人……嚴萬戶軍一千三百四十五人」的武衛軍調配數目匹配基本一致。忽必烈此舉，一方面達到籠絡漢族武裝爲蒙古政權所用的目的，另一方面也預示了對漢人世侯士兵的合理調配。

忽必烈與阿里不哥爭位戰爭中，中原漢地實力最著的永清史氏被忽必烈授予軍事大權，「1261 年忽必烈擊退阿里不哥對開平的進攻後，立即沿長城布置了他的軍事防衛線。這個防衛線以蒙古軍爲左、右兩翼，而自己親率怯薛、史天澤領導的武衛軍以及參加鄂州之役的漢軍爲中軍駐守於左右兩翼中間的潮河川地區，南方防備南宋和守衛燕京的任務則交給史天澤家族的人。」〔註17〕

〔註13〕 指史天澤，對此，日本學者池內功《忽必烈政權的建立及其麾下的漢軍》(《蒙古學資料與情報》1986 年第 3 期) 有詳細論述：「『曾從萬戶三哥西征的軍人』都被召入了親衛軍，井戶一公獨具慧眼，判斷這位『萬戶三哥』就是史天澤，我很同意。這除了因史天澤是史秉直的第三子之外，還可從《元史》卷一五四《李進傳》得到證明。當史天澤選拔諸道驍勇之士從蒙哥西征時，李進是當選的把總之一。世祖即位後所選拔的侍衛親軍即創設期的武衛軍中，大部分是曾隨史天澤西征的將校。所以要把他們重新集結起來，就是因爲他們不但是漢人世侯軍的精銳，而且曾在史天澤領導下擔任蒙哥汗的宿衛，因而也適合擔任忽必烈的宿衛。」

〔註14〕 《元史》卷九九《兵志二・宿衛》，中華書局，1976 年，第 2530 頁。

〔註15〕 (元) 脫脫等：《金史》卷五六《百官志二》，中華書局，1976 年，第 1281 頁。

〔註16〕 關於武衛親軍建立背景、時間以及其兵源、組織結構、特點和作用等問題，參見：史衛民：《忽必烈與武衛軍》，《北方文物》1986 年第 2 期。

〔註17〕 (日) 池內功：《忽必烈政權的建立及其麾下的漢軍》(馬冀 摘譯自日本《東洋史研究》四十三卷第二號 1984 年 9 月)，《蒙古學資料與情報》1986 年第 3 期。

　　武衛軍後來被拓展為前、後、左、右、中五衛。隨著侍衛親軍建制的逐步完備，蒙古士兵、色目人、新附軍入衛改變了侍衛親軍組建之初單一北方漢軍的局面。蒙古士兵、色目人、新附軍等入衛，是元朝兵制逐步完善的表現，其民族成分和組織管理均出現了重要變遷。

　　至文宗末年，元朝共有侍衛親軍三十四衛共轄軍士 20 餘萬，成為元朝最重要的武裝力量。元代各衛的統帥為都指揮使，以下的單位依次為千戶、百戶和十戶，元代衛的組織結構多承繼了北方民族的習慣。亦鄰眞先生敏銳的指出：「匈奴人在蒙古地區留下了長久不滅的痕跡，匈奴的某些制度和習俗在蒙古高原各民族中世代流傳。左右翼和十進制的軍事行政劃分，一直延續到明清時期。」〔註 18〕蕭啓慶先生也認為：「（元代）各衛的組織和唐宋衛軍的組織並無因襲關係。」〔註 19〕但是，因為元代衛軍也是因襲中國中央軍事集權「居重馭輕」的傳統，故而，「（元代）衛軍設置的構想、名稱，及官職等都是來自唐、宋。」〔註 20〕這一點也和「內蒙外漢」二元政治體制相一致。

　　侍衛親軍組織機構、衙署等建置的確立，是樞密院管理下的軍事系統的重要組成部分，它和中書省的行政系統、御史臺的監察系統等一起，為蒙古草原政權向中原王朝——元朝的制度轉化邁出了堅實一步。

第二節　以護衛兩都為主的衛軍職能

　　如果說成吉思汗組建怯薛軍是按照草原游牧政權需要以流動方式護衛大汗，那麼自忽必烈組建侍衛親軍且隨著元朝兩都制的確立，侍衛親軍的主要職能固定為護衛兩都。蕭啓慶先生明確指出：「各衛軍負責防守的地區實包括腹裏接近大都的地區，即河北省及山西之大部分及上都附近，在東南與山東河北都萬戶府的防區相聯，在西南與河南淮北蒙古軍都萬戶的防區相連，而在西方則與以奉元為總部的陝西都萬戶府相接。北邊蒙古，亦常有衛軍屯戍。」〔註 21〕兩都尤其是大都城門的防護，顯得尤為重要，「皇太后有

〔註 18〕　亦鄰眞：《中國北方民族與蒙古族族源》，《內蒙古大學學報》1979 年第 3 期。
〔註 19〕　蕭啓慶：《元代的宿衛制度》，《元代史新探》，新文豐出版公司，1983 年，第 86 頁。
〔註 20〕　蕭啓慶：《元代的宿衛制度》，《元代史新探》，新文豐出版公司，1983 年，第 93 頁。
〔註 21〕　蕭啓慶：《元代的宿衛制度》，《元代史新探》，新文豐出版公司，1983 年，第 88～89 頁。

旨，禁掖門可嚴守衛。臣等議，增置百戶一員，及于欽察、貴赤、西域、唐
兀、阿速等衛調軍士九十人，增守諸掖門，覆命千戶一員，帥領百戶一員，
備巡邏。」〔註22〕

侍衛親軍在履行護衛兩都的基本職能時，按照其工作分工，則可以分爲
圍宿軍、儀仗軍、扈從軍、看守軍、巡邏軍、鎮遏軍幾種。

扈從軍主要爲擔任護從皇帝出行任務的侍衛軍，其中尤以兩都巡幸爲
主。與傳統中原王朝不同，元朝實行兩都巡幸制。元朝的侍衛親軍除了擔負
京城的治安任務以外，還需要承擔皇帝兩都巡幸的安全，這是元代侍衛親軍
不同於其他王朝的一個明顯特色。中統四年（1263）以後，元朝皇帝兩都巡
幸制成爲定制，即「次舍有恆處，車廬有恆治，春秋有恆時」〔註23〕：一般
每年二或三月從大都北上，八月或九月自上都南還，夏秋在上都，冬春在大
都。中衛，「混一以來，兵革偃息，每歲鑾輿行幸上京，則分其大半，以備扈
從。」〔註24〕後衛，「統選兵萬人車駕所至常從。」〔註25〕其他各衛也大多參
與其事。除了跟隨皇帝一路扈從外，侍衛親軍還需要在兩都巡幸的關鍵地點
駐兵把守，以防不測，並成爲定制，「每歲大駕幸上都，發各衛軍士千五百人
扈從，又發諸衛漢軍萬五千人駐山後，蒙古軍三千人駐官山，以守關梁。乞
如舊數調遣，以俟來年。」〔註26〕遇到特殊時期，還另行從大都抽調侍衛親
軍，赴上都備衛，如至元二十六年（1289）七月「命大都侍衛軍內復起一萬
人，赴上都以備衛宿」。〔註27〕

元朝實行大朝會制度，每逢舉行大朝會之際，「后妃、宗王、親戚、大臣、
將帥、百執事及四方朝附者咸在。」〔註28〕爲保障安全，元朝投入大量侍衛
親軍。元朝早期，因都城圍牆沒有建成，完全用軍隊環繞整個城市。非凡氣

〔註22〕《元史》卷九九《兵志二‧宿衛》，中華書局，1976 年，第 2533 頁。

〔註23〕《經世大典序錄‧禮典總序‧行幸》，蘇天爵：《元文類》卷四一，商務印書館，
　　　　1936 年，第 546 頁。

〔註24〕（元）熊夢祥：《析津志輯佚》之《朝堂公宇》「中衛營」條，北京古籍出版社，
　　　　1983 年，第 35 頁。

〔註25〕（元）趙孟頫：《松雪齋集》卷七《明肅樓記》，四部叢刊本。

〔註26〕《元史》卷三四《文宗本紀三》，中華書局，1976 年，第 768 頁。

〔註27〕《元史》卷九九《兵志二‧宿衛‧圍宿軍》，中華書局，1976 年，第 2532 頁。

〔註28〕《經世大典序錄‧禮典總序‧朝會》，蘇天爵：《元文類》卷四一，商務印書館，
　　　　1936 年，第 546 頁。

度，可知一斑。即使牆垣建成以後，城防工作也比較到位，除了各城門以蒙古侍衛軍把持外，「於周橋南置戍樓，以警昏旦」〔註29〕。

遇到祭祀、朝賀重大節日，侍衛親軍負責儀仗軍的職責，「皇帝祀郊廟，幸佛寺，蹕街清道，曰儀仗軍。」〔註30〕當然，侍衛親軍很多時候各軍種可以交相使用，至大四年（1311）二月，「合祭天地、太廟、社稷，用蹕街清道及守內外壝門軍一百八十人，命以圍宿軍爲之，事畢還役。」〔註31〕此處儀仗軍暫時由圍宿軍充任。

爲了保衛皇帝安全，除了扈從軍、圍宿軍以外，元朝還設置巡邏軍，「每歲既幸上京，於各宿衛中留衛士三百七十人，以備巡邏。」〔註32〕巡邏軍部分日夜工作，「詔留守司及虎賁司官親率眾於夜巡邏。」〔註33〕在兩都巡幸的路途中，巡邏軍也要負責周邊地區的警戒，「大駕將還，敕上都兵馬司官二員，率兵士由偏嶺至明安巡邏，以防盜賊。」〔註34〕

看守軍主要負責城門和倉庫等地的安全事宜。鎮遏軍主要是保護海口運往大都的糧食等物資運輸。侍衛親軍除了護衛兩都以外，還擔負著其他一些職能，主要爲負責兩都地區工役勞作、外出作戰、屯田自養〔註35〕。

侍衛親軍還承擔大量造作等工役，「軍之役土木者，率以築都城、皇城，建郊廟、社稷、宮殿、籍田、官府、寺舍、倉庾，治道，築堤堰閘壩，造橋樑，開漕河，人祭祀掃除壇壝之類。餘則建佛寺、起塔、樹幡竿，修寺僧之水碾，爲大臣築第、拽碑石，與伐船材、斫葦被城上，理鹿圈、黃羊圈。百人五十人，則樞密院指揮，過是則奏。間亦給傭直泊糧，然第畿內事也。」〔註36〕元代都城的建設，動用了大量侍衛親軍，至元十六年（1279），「始立武衛，專掌繕理宮城，以留守段禎兼指揮使。凡有興作，必文移樞府而後行。」〔註37〕

〔註29〕《元史》卷九九《兵志二‧宿衛‧圍宿軍》，中華書局，1976年，第2533頁。
〔註30〕《經世大典序錄‧政典總序‧宿衛》，蘇天爵：《元文類》卷四一，商務印書館，1936年，第594頁。
〔註31〕《元史》卷九九《兵志二‧宿衛‧儀仗軍》，中華書局，1976年，第2534頁。
〔註32〕《元史》卷九九《兵志二‧宿衛‧巡邏軍》，中華書局，1976年，第2537頁。
〔註33〕《元史》卷九九《兵志二‧宿衛‧巡邏軍》，中華書局，1976年，第2537頁。
〔註34〕《元史》卷三四《文宗本紀三》，中華書局，1976年，第762頁。
〔註35〕爲了行文方便，關於侍衛親軍屯田自養職能，放置於下一節討論。
〔註36〕《經世大典序錄‧政典總序‧工役》，蘇天爵：《元文類》卷四一，商務印書館，1936年，第595頁。
〔註37〕（元）蘇天爵：《滋溪文稿》卷二二《榮祿大夫樞密副使吳公行狀》，陳高華、孟繁清點校，中華書局，1997年，第369頁。

至元二十年（1283）六月，「差五衛軍人修築行殿外垣。命諸王忽牙都設斷事官。丙申，發軍修完大都城。辛丑，發軍修築堤堰。」〔註38〕武宗海山修建元中都，也同樣依靠侍衛親軍，「敕樞密院發六衛軍萬八千五百人，供旺兀察都建宮工役」〔註39〕。針對國家利用侍衛軍尤其是五衛軍人大肆造作而影響其正常軍事訓練，漢族官僚頗有微詞，「五衛軍人，所以衛京闕、嚴武備，宜從樞密院常加撫養，無以工役徒致疲弊，務得訓習精練中用。」〔註40〕「近年以來，京師奉衛之兵，止知服役，戰陣擊刺之法，則不知也。」〔註41〕「比年營繕，以衛軍供役，廢武事不講，請遵世祖舊制，教習五衛親軍，以備扈從。」〔註42〕元朝也意識到造作對軍隊建設的影響，早在至元三年（1266）五月，忽必烈曾命令樞密大臣：「侍衛親軍，非朕命不得發充夫役。修瓊華島士卒，即日放還。」〔註43〕故有「敕營造毋役五衛軍士，止以武衛、虎賁二衛給之。」〔註44〕

　　侍衛親軍作為中央軍，「居重御輕，君天下之大權也」〔註45〕，反映了其為大汗出征的戰爭職能。上至討伐宗室親王的反叛，下至平定平民百姓的動亂，元朝都會動用侍衛親軍出征作戰。色目人土土哈率領欽察軍對抗海都，忽必烈下令「欽察人為民及隸諸王者，皆別籍之以隸土土哈，戶給鈔二千貫，歲賜粟帛，選其材勇，以備禁衛。」〔註46〕為以後欽察衛的正式成立奠定了基礎。至元二十四年（1287），乃顏發動叛亂，李庭「統諸衛漢軍」隨從忽必烈征討，色目衛軍阿速軍亦參戰〔註47〕。至正十一年（1351），脫脫之弟也先·帖木兒以知樞密院事的身份「率諸衛兵十餘萬」討伐劉福通。五衛親軍還曾經東征日本。元朝中期以後，由於統治者對漢人武裝集團的疑慮，漢軍多從事扈從、屯田等任務，出征的機會日漸減少，

〔註38〕《元史》卷一二《世祖本紀九》，中華書局，1976年，第255頁。

〔註39〕《元史》卷二二《武宗本紀一》，中華書局，1976年，第493頁。

〔註40〕（元）劉敏中：《中庵集》卷一五《都堂提說事目》，《北京圖書館古籍珍本叢刊》本。

〔註41〕（元）胡祗遹：《紫山大全集》卷二一《政事》，《三怡堂叢書》本。

〔註42〕《元史》卷三○《泰定本紀二》，中華書局，1976年，第676頁。

〔註43〕《元史》卷九九《兵志二·宿衛》，中華書局，1976年，第2531頁。

〔註44〕《元史》卷二九《泰定本紀一》，中華書局，1976年，第657頁。

〔註45〕（元）胡祗遹：《紫山大全集》卷一一《清慎堂記》，《三怡堂叢書》本。

〔註46〕《元史》卷一二八《土土哈傳》，中華書局，1976年，第3132頁。

〔註47〕《元史》卷一六二《李庭傳》，中華書局，1976年，第3797頁。

色目衛和蒙古衛則主要擔負征戰的使命。在北方作戰多爲色目衛，在南方戰事多用蒙古人。〔註 48〕

　　爲保證侍衛親軍的戰鬥力，元朝實行輪番更戍制度。至元二十年（1283）十月，忽必烈下令：「五衛軍，歲以冬十月聽十之五還家備資裝，正月番上代其半還，四月畢入役」，〔註 49〕而各衛商議按照「先七後三」的標準輪休，忽必烈默許了此做法，遂成爲武衛軍輪番更戍的常規：「五衛軍十人爲率，七人三人，分爲二番，十月放七人者還，正月復役，正月放三人者還，四月復役，更休息之。」〔註 50〕從此以後，新選侍衛軍人多依照「還家備裝，正月復役」的時間，統一到京師充軍，至元二十二年（1285）十二月，「己亥，從樞密院請，嚴立軍籍條例，選壯士及有力家充軍。敕樞密院：『向以征日本故，遣五衛軍還家治裝，今悉選壯士，以正月一日到京師。』」〔註 51〕延祐七年（1320）二月，明文規定五衛軍人更戍歲例，「丙子，定京城環衛更番法，准五衛漢軍歲例。」〔註 52〕文宗時期，對此稍微做了改動，至順二年（1331）二月，「命番休各衛漢軍，十之二以三月一日放遣」〔註 53〕。元朝還注意對侍衛親軍日常軍事演習，並有著嚴格的要求，如大德五年（1301）十一月，「選六衛扈從漢軍習武事，仍禁萬戶以下毋令私代，犯者斷罪有差」〔註 54〕。

　　陳寅恪先生強調「（唐朝）『關中本位政策』即內重外輕之情形未變易之前，其政治革命唯有在中央發動者可以成功」〔註 55〕。這一規律，對於元朝也是適用的，由於侍衛親軍的因素，元代政壇也幾度風雲變幻。有學者指出：「元朝在制度上對侍衛親軍不設獨立統率全軍的長官是防止形成以侍衛親軍爲基礎的軍閥的重要措施。但中央政府高級官員有效地掌握侍衛親軍的指揮權，使侍衛親軍容易被文、武職區別不明確的蒙古人、色目人的權勢家族私

〔註 48〕　史衛民：《元代軍事史》，《中國軍事史》第十四卷，軍事科學出版社，1998 年，第 237～238 頁。

〔註 49〕　《元史》卷一二《世祖本紀九》，中華書局，1976 年，第 257 頁。

〔註 50〕　《元史》卷一三《世祖本紀十》，中華書局，1976 年，第 274 頁。

〔註 51〕　《元史》卷一三《世祖本紀十》，中華書局，1976 年，第 282 頁。

〔註 52〕　《元史》卷二七《英宗本紀一》，中華書局，1976 年，第 599 頁。

〔註 53〕　《元史》卷三五《文宗本紀四》，中華書局，1976 年，第 777 頁。

〔註 54〕　《元史》卷二〇《成宗本紀三》，中華書局，1976 年，第 438 頁。

〔註 55〕　陳寅恪：《唐代政治述論稿》，王國榮等主編：《20 世紀中國學術名著精華》，學林出版社，1998 年，第 1233 頁。

有化，最終形成握有侍衛親軍的弄權軍閥。」〔註56〕

元代中期，侍衛親軍成為大臣控制朝政甚至刺殺皇帝的關鍵工具，「南坡之變」可以說是侍衛親軍插手朝政的極致。至治三年（1323）八月，南返大都的英宗在上都西南的南坡駐營，御史大夫鐵失、知樞密院事也先帖木兒以阿速衛軍為外應，刺殺英宗皇帝於營帳。對於英宗之死，中書參知政事左塔不臺加以總結：「大臣兼領軍務，前古所無。鐵失以御史大夫，也先帖木兒以知樞密院事，皆領衛兵，如虎而翼，故成逆謀。今軍衛之職，乞勿以大臣領之，庶勳舊之家得以保全。」〔註57〕其後，元朝的侍衛親軍甚至淪落為帝位爭奪的憑藉。致和元年（1328），元朝發生的兩都之戰更是在兩都的侍衛親軍之間展開的決戰。在大都，燕鐵木兒擁立圖帖睦爾，歸其指揮的有左、右欽察衛和留守大都的蒙古、漢人守衛部隊和屯田部隊。在上都，泰定帝的部下則擁立泰定帝子阿剌吉八，歸其掌握的有扈從泰定皇帝北上的各衛軍隊，尤其是左、右阿速衛與貴赤衛。

文宗以後，侍衛親軍管理更是混亂〔註58〕，逐步成為朝臣爭權奪利的主要工具，如燕鐵木兒、唐其勢、伯顏等。尤其是權臣伯顏牢牢把握侍衛親軍，以中書右丞相兼萬戶都總使的身份提領威武阿速衛親軍都指揮使、忠翊侍衛親軍都指揮使、斡羅思衛親軍都指揮、左都威衛使司事、欽察親軍都指揮使司事、宣鎮侍衛親軍都指揮使司、宗仁蒙古侍衛親軍都指揮使司事，並且還派遣其弟馬札兒臺掌管右阿速衛和海口侍衛，派遣其侄脫脫領導左阿速衛和虎賁衛，其他侍衛親軍組織也委以親信。時人縱論伯顏：

> 九重深拱方無為，天下萬事由太師。
>
> 起居玉食勝天上，生殺貴賤操主威。
>
> 千兵萬馬常自衛，爪牙武士爭光輝。
>
> 龍虎大符擅天寵，振古權臣無若斯。
>
> 天變民災何足恤，神人怨怒宗社危。
>
> 綱常萬古不可絕，君臣之分不可越。〔註59〕

〔註56〕 （日）大葉升一：《蒙古帝國元朝的軍隊組織》，《史學雜誌》95編7號，1986年。轉引自：楊玉萍：《20世紀以來蒙元軍事研究綜述》，《青海民族研究》2007年第2期。

〔註57〕 《元史》卷二九《泰定帝本紀一》，中華書局，1976年，第657頁。

〔註58〕 史衛民：《元代軍事史》，《中國軍事史》第十四卷，軍事科學出版社，1998年，第400頁。

〔註59〕 （元）胡助：《純白齋類稿》卷六《哀太師》，《文淵閣四庫全書》本。

第三節　直隸省部地區屯駐諸衛分佈考

對於侍衛親軍屯田地點。史衛民先生指出:「侍衛親軍置立的屯田,東至直沽海口,西至紅成,北起上都,南迄清州,分佈在中書省所轄腹裏地區的中心地帶,尤以大都與眞定之間最爲密集。」〔註60〕可以說,「在元大都周圍,有一個由樞密院掌管的屯田網。」〔註61〕侍衛親軍除了屯田營地以外,還於重要路口設置千戶所等駐軍基地,故此,直隸省部地區的侍衛親軍駐紮地點基本上爲兩都、屯田營地、關隘戶所等地,關於兩都駐軍因與「直隸省部」關係不太密切,茲從大都以南漢軍各衛、大都以北色目各衛、蒙古軍衛等幾種類型,對直隸省部地區屯駐的各衛情況做較全面考察。

一、漢軍諸衛

元朝樞密院所轄漢人軍衛共有九個,再加上左、右翼屯田萬戶府及東宮所屬的左衛率府,全部屯駐在兩都及直隸省部地區。

《經世大典‧序錄‧屯田》記載的樞密院所轄軍隊屯田情況如下:

> 左衛,屯東安州、永清縣,軍二千,田一千三百一十頃有零,實耕一千頃,餘地立營、司、場院、廬舍,牛二千。

> 右衛,屯永清縣、霸州益津縣,餘同左。

> 中衛,屯香河、武清、寶坻,餘同。

> 前衛,屯霸、涿、雄三州,益津、文安、新城。

> 後衛,屯永清、霸州。

> 武衛,屯保定之定興、霸州、涿州。軍三千,田千頃,牛四千。

> 左翼,屯會川縣,滄、清二州,置屯田萬戶府,軍二千,田一千三百九十九頃,牛一千六百。

> 右翼,大都之武清,保定之新城,一千五百人,田六百九十九頃。田在(郭)〔潯〕、雄二州,牛三百七十。

> (中)〔忠〕翊侍衛,屯大同之平地、朔州之馬邑,三千人,二千頃,清州、靜海七百人,六百五十六頃。

〔註60〕　史衛民:《元代軍事史》,《中國軍事史》第十四卷,軍事科學出版社,1998年,第367頁。

〔註61〕　何天明:《元代屯田若干問題探討》,《內蒙古社會科學》1987年第3期。

龍翊侍衛，屯文安八百人，三百頃。

左衛率府，屯武清，三千人千五百頃。

宗仁衛，屯薊州、大寧路七金山，二千人，二千頃。

宣忠扈衛，屯一萬人，田百頃。

與《經世大典序錄·屯田》所記相比，《元史·兵志·屯田》記載的元代直隸地區軍隊屯駐分佈，要詳細得多，並且還列出變化：

左衛屯田：……於東安州南、永清縣東荒土及本衛元占牧地，立屯開耕。……爲軍二千名，爲田一千三百一十頃六十五畝。

右衛屯田：……於永清、益津等處立屯開耕，分置左右手屯田千戶所。其屯軍田畝之數，與左衛同。

中衛屯田：世祖至元四年，於武清、香河等縣置立。十一年，……遷於河西務、荒莊、楊家口、青臺、楊家白等處。其屯軍之數，與左衛同，爲田一千三十七頃八十二畝。

前衛屯田：……於霸州、保定、涿州荒閒地土屯種，分置左右手屯田千戶所。屯軍與左衛同，爲田一千頃。

後衛屯田：……以永清等處田畝低下，遷昌平縣之太平莊。泰定三年五月，……罷之，止於舊立屯所，耕作如故。……屯軍與左衛同，爲田一千四百二十八頃一十四畝。

武衛屯田：……於涿州、霸州、保定、定興〔註62〕等處置立屯田，分設廣備、萬益等六屯，……屯軍三千名，爲田一千八百四頃四十五畝。

左翼屯田萬戶府：世祖至元二十六年二月，罷蒙古侍衛軍從人之屯田者，別以斡端、別十八里回還漢軍，及大名、衛輝兩翼新附軍，與前、後二衛迤東還戍士卒合併屯田，設左、右翼屯田萬戶府以領之。遂於大都路霸州及河間等處立屯開耕，置漢軍左右手二千

〔註62〕 按《經世大典序錄·政典總序·屯田》（《元文類》卷四一，商務印書館，1936年，第597頁）「武衛屯保定之定興」，《元史》卷一〇〇《兵志三·屯田》（中華書局，1976年，第2560頁）爲「於涿州、霸州、保定、定興等處置立屯田」，此處標點錯，應爲「於涿州、霸州、保定定興等處置立屯田」。

戶、新附軍六千戶所，爲軍二千五十一名，爲田一千三百九十九頃
五十二畝。

右翼屯田萬戶府：其置立歲月與左翼同。成宗大德元年十一
月，發眞定軍人三百名，於武清縣崔黃口增置屯田。仁宗延祐五年
四月，立衛率府，以本府屯田並屬詹事院，後復歸之樞密，分置漢
軍千戶所三，別置新附軍千戶所一，爲軍一千五百四十人，爲田六
百九十九頃五十畝。

忠翊侍衛屯田：……於燕只哥赤斤地面及紅城周回，置立屯
田，開耕荒田二千頃。……武宗至大四年，以黃華嶺新附屯田軍一
千人並歸本衛，別立屯署。……仁宗延祐二年，遷紅城屯軍於古北
口、太平莊屯種。……七年十二月，罷左都威衛及太平莊、白草營
等處屯田，復於紅城周回立屯，……爲田二千頃。

左衛率府屯田：……於大都路漷州武清縣及保定路新城縣置立
屯田。英宗至治元年，以武衛與左衛率府屯田地界相離隔絕，不便
耕作，命以兩衛屯地互更易之，……爲軍三千人，爲田一千五百頃。

宗仁衛屯田：英宗至治二年八月，發五衛漢軍二千人，於大寧
等處創立屯田，分置兩翼屯田千戶所，爲田二千頃。

宣忠扈衛屯田：文宗至順元年十二月，命收聚訖一萬斡羅斯，
給地一百頃。

關於直隸省部地區漢軍軍衛屯駐地點的記載，《經世大典序錄·屯田》和《元
史·兵志·屯田》兩相對照，可以看出，樞密院所管轄的元朝侍衛軍屯田，
除了屯駐大同之平地、朔州之馬邑的中翊侍衛和大寧路七金山的宗仁衛以
外，其餘全部在直隸省部地區。兩者記載一致的爲左衛、右衛、武衛、宣忠
扈衛。其餘各衛記載出現較大差別〔註63〕：

中衛，《元史》缺寶坻，增加「遷於河西務、荒莊、楊家口、青臺、楊家
白等處」。

前衛，《經世大典》爲屯霸、涿、雄三州，益津、文安、新城。《元史》
爲霸州、保定、涿州。

〔註63〕 何以造成如此差別，因資料限制，難以確知，待考。

後衛，《經世大典》爲永清、霸州，《元史》爲永清等處，增加了「遷昌平縣之太平莊」。

左翼，《經世大典》爲會川縣，滄、清二州，《元史》爲大都路霸州及河間等。

右翼，《經世大典》爲大都之武清，保定之新城，《元史》僅記武清縣崔黃口增置屯田。

忠翊侍衛屯田，《經世大典》爲清州、靜海，《元史》爲燕只哥赤斤地面及紅城周回，增加了古北口、太平莊的搬遷。

左衛率府，《元史》增加保定路新城縣。

宗仁衛〔註64〕，《經世大典》爲薊州、大寧路七金山，《元史》記爲大寧等處。

龍翊侍衛，《經世大典》爲文安，《元史》缺載。

除了《經世大典序錄・屯田》和《元史・兵志・屯田》兩個主要記載以外，其他尚存在一些零散記錄，如有對具體屯營的簡單羅列，「前衛屯營在涿州范陽縣之境」〔註65〕；有對屯營的詳細說明，「營白雁口既成，官有廨，士有舍，糧糧有倉，金鼓有樓，器械有局，交易有市，凡軍中之政畢舉。營南迫信安河，西臨滹沱、白溝，東與郎城蛤蜊港接」〔註66〕。

此外，值得專門探討的是海口侍衛。

至大二年（1309）四月，「癸亥，摘漢軍五千，給田十萬頃，於直沽沿海口屯種，又益以康里軍二千，立鎮守海口屯儲親軍都指揮使司」〔註67〕。至大四年（1310）三月，元朝下令：「近設康禮軍衛，起遣各路存恤軍人五千，直沽屯田。消乏之餘，重經此擾。今康禮已令罷散，上項屯軍悉聽放還，依舊存恤。」〔註68〕但這並未標明已經取消海口衛。延祐三年（1316）二月，「調海口屯儲漢軍千人隸臨清運糧萬戶府，以供轉遭」〔註69〕。此處的海口屯軍當爲海口衛士兵。餘下軍人，應仍在海口屯田，元朝末年，還存在鎮守海口

〔註64〕 宗仁衛雖爲蒙古軍衛，但按《元史》卷二八《英宗本紀二》「調各衛漢軍二千，充宗仁衛屯田卒」，則宗仁衛屯田以漢軍爲主，遂本節加以考察。

〔註65〕 （元）蘇天爵：《滋溪文稿》卷二《前衛新建三皇廟記》，陳高華、孟繁清點校，中華書局，1997年，第24頁。

〔註66〕 （元）趙孟頫：《松雪齋集》卷七《明肅樓記》，四部叢刊本。

〔註67〕 《元史》卷二三《武宗本紀二》，中華書局，1976年，第511頁。

〔註68〕 《元典章》卷二《聖政一・撫軍士》，臺北故宮博物院影印元刊本。

〔註69〕 《元史》卷二五《仁宗本紀二》，中華書局，1976年，第573頁。

侍衛親軍屯儲都指揮使司的建置,簡稱海口侍衛〔註70〕。海口衛主要維護京師乃至北方蒙古高原物資的海路運輸供應,爲「貧極江南、富稱塞北」〔註71〕鋪設了道路。爲保證河運、海運安全,每個重要運糧時期,樞密院還專門派出軍隊協助海口衛工作。延祐元年(1314)閏三月,中書省從江浙春運糧八十三萬六千二百六十石,通過海運,前來直沽,遂要求樞密院差遣軍人鎮遏,「詔依年例,調軍一千名,命右衛副都指揮使伯顏往鎮遏之。」〔註72〕遇到兵力緊張時期,樞密院可以減半派遣軍隊。延祐三年(1316)四月,樞密院官奏:「今歲軍數不敷,乞調軍士五百人巡鎮。」〔註73〕

除上述諸衛外,漢人軍衛還有虎賁司。至元十六年(1279),立上都虎賁軍,專掌修造與屯田事宜。虎賁司主要在上都路滅捏怯土、赤納赤、高州、忽蘭若班、松州等三十四處屯駐。

二、色目軍衛

至元九年(1272),「初立阿速拔都達魯花赤」〔註74〕。至元十八年(1281),元朝下令:「諸國人之勇悍者,聚爲親軍宿衛,而以其人名曰欽察衛、康里衛、阿速衛、唐兀衛。」〔註75〕此舉將元朝各地的色目士兵集中編制爲直屬朝廷的衛軍,謂之色目軍。

唐兀衛 至元十二年(1275)五月,簽發河西富戶爲軍。至元十七年(1280)三月,「發忙古帶、抄兒赤所領河西軍士,及阿魯黑麾下二百人,入備扈從。」〔註76〕至元十八年(1282)建立唐兀衛親軍都指揮使司。「朝廷初分侍衛親軍,列以爲衛。唐兀衛之立,遣使籍河西六郡良家子以充之」〔註77〕,故此,其又被稱爲唐兀質子軍、唐兀禿魯花軍或河西質子軍。唐兀衛是最早建立的色目軍衛。

〔註70〕 (元)熊夢祥:《析津志輯佚》,北京古籍出版社,1983年,第34頁。
〔註71〕 (明)葉子奇:《草木子》卷三上《克謹篇》,中華書局點校本,1997年,第51頁。
〔註72〕 《元史》卷九九《兵志二・宿衛・鎮遏軍》,中華書局,1976年,第2537頁。
〔註73〕 《元史》卷九九《兵志二・宿衛・鎮遏軍》,中華書局,1976年,第2537頁。
〔註74〕 《元史》卷九九《兵志二・宿衛》,中華書局,1976年,第2527頁。
〔註75〕 《經世大典序錄・政典總序・軍制》,蘇天爵:《元文類》卷四一,商務印書館,1936年,第592頁。
〔註76〕 《元史》卷九九《宿衛・扈從軍》,中華書局,1976年,第2535~2536頁。
〔註77〕 (元)虞集:《道園類稿》卷四二《彭城郡侯劉公(完澤)神道碑》,《元人文集珍本叢刊》本。

欽察衛　至元十五年（1278），忽必烈下令：「欽察人爲民及隸諸王者，皆別籍之以隸土土哈，戶給鈔二千貫，歲賜粟帛，選其材勇，以備禁衛。」〔註78〕至元二十三年（1286），欽察衛親軍都指揮使司成立。至治二年（1322），「以欽察衛士多，爲千戶所者凡三十五，故分置左、右二衛，至是又析爲龍翊衛。」〔註79〕哈剌魯萬戶所歸屬欽察衛都指揮使，「給霸州文安縣田四百頃，命哈剌赤〔註80〕屯田」〔註81〕。元人有詩讚頌欽察軍，「撒道黃塵輦輅過，香焚萬室格天和。兩行排列金錢豹，欽察將軍上馬駝」〔註82〕。「至元二十四年，發欽察衛軍一千五百一十二名，分置左右手屯田千戶所及欽察屯田千戶所，於清州等處屯田。……爲軍左手千戶所七百五名，右手千戶所四百三十七名，欽察千戶所八百名。爲田左手千戶所一百三十七頃五十畝，右手千戶所二百一十八頃五十畝，欽察千戶所三百頃。」〔註83〕

貴赤衛　元初以克烈舊部及降卒千人爲「貴赤」〔註84〕。至元十三年（1276），「詔民之蕩析離居及僧、道、漏籍諸色人不當差徭者萬餘人充貴赤」，歸屬康里人明安領導。至元二十四年（1287），以這支軍隊建成貴赤親軍都指揮使司。

西域衛　元貞元年（1295）六月，設西域衛親軍都指揮使司。因此衛由駐守蕁麻林等地的阿兒渾軍組成，又被稱爲「阿兒渾衛」。西域衛還駐紮在永平等地。

阿速衛　至元九年（1272），設立阿速撥都達魯花赤，招收阿速正軍三千餘名，又選取阿速揭只揭了溫怯薛丹軍七百人，掌宿衛城禁兼營潮河、蘇沽兩川屯田。至元十六年（1279），元朝將其編入前、後衛。至大二年（1309），始改立左、右衛阿速親軍都指揮使司。阿速軍衛「在元朝的宿衛軍中是一支

〔註78〕　《元史》卷一二八《土土哈傳》，中華書局，1976年，第3132頁。

〔註79〕　《元史》卷一三八《燕鐵木兒傳》，中華書局，1976年，第3331頁。

〔註80〕　指欽察人。虞集《道園學古錄》卷二三《句容郡王世績碑》：「其種人以強勇見信用，掌芻牧之事，奉馬湩以供玉食。馬湩尚黑者，國人謂黑爲哈剌，故別號其人哈剌赤。」

〔註81〕　（元）虞集：《道園學古錄》卷二三《句容郡王世績碑》，《元人文集珍本叢刊》本。

〔註82〕　（元）楊允孚：《灤京雜詠》，（清）顧嗣立編《元詩選》（初集·庚集），中華書局，1987年，第1962頁。

〔註83〕　《元史》卷一〇〇《兵志三·屯田》，中華書局，1976年，第2561頁。

〔註84〕　（元）許有壬：《圭塘小稿》卷一〇《元故右垂相怯烈公神道碑銘》，《文淵閣四庫全書》本。

很強的隊伍」〔註85〕。或由於此，天曆元年（1328），元朝「徵左右兩阿速衛軍老幼赴京師，不行者斬，籍其家。」〔註86〕阿蘇衛在直隸省部地區的潮河、蘇沽兩川屯田〔註87〕。

上述欽察、唐兀、貴赤、西域、左右阿速諸衛軍均屬於隆鎮衛所轄，屯駐於居庸關一帶。

康里衛　至大元年（1308）七月，因擁戴有功，武宗命康里人阿沙不花、亦納脫脫成立廣武康里侍衛親軍。至大三年（1310）三月，元朝「發康里軍屯田永平，官給之牛」。〔註88〕至大四年（1311），武宗病死，仁宗解散康里衛。康里衛是元代唯一廢罷的色目軍衛。此康里衛即為上述直沽海口屯田之康禮軍衛。

龍翊衛　天曆元年（1328 年）十二月，為報答燕鐵木兒擁戴功勞，元文宗命其分掌欽察軍士，成立龍翊侍衛親軍都指揮使司。龍翊衛屯駐在文安。

斡羅思衛　至順元年（1330）五月，設立宣忠扈衛親軍都萬戶府管理斡羅思軍士。不久，在大都北郊為其立營。次年四月，改萬戶府為宣忠斡羅思扈衛親軍都指揮使司。天曆二年（1329）十二月，以河間路清池、南皮縣牧地賜給斡羅思衛當做冬營地。〔註89〕

隆鎮衛　關於直隸省部地區色目軍衛，最主要的當屬隆鎮衛，這也是元朝宿衛軍中至為關鍵的一支軍隊。〔註90〕

隆鎮衛是元朝佈防在居庸關的軍事單位。位於大都的居庸關是由蒙古高原通向大都的門戶。1211 年，成吉思汗攻打金朝，由於居庸關守將逃遁，蒙古大軍遂由此直逼中都。由於此時蒙古軍隊攻而不守，居庸關又被金軍所有。1213 年，蒙古大軍再次伐金，然而「至居庸關，壁堅不得入」〔註91〕，遂「出

〔註85〕　葉新民：《元代的欽察、康里、阿速、唐兀衛軍》，《內蒙古社會科學》1983 年第 6 期。
〔註86〕　《元史》卷三二《文宗本紀一》，中華書局，1976 年，第 710 頁。
〔註87〕　《元史》卷八六《百官志二》、卷九九《兵志二·宿衛》。
〔註88〕　《元史》卷二三《武宗本紀二》，中華書局，1976 年，第 524 頁。
〔註89〕　《元史》卷三五《文宗本紀四》，中華書局，1976 年，第 794 頁。
〔註90〕　關於隆鎮衛的最近成果，參見：馬曉娟：《元代隆鎮衛親軍都指揮使司建置考述》，《「文獻、制度與史實：〈元典章〉與元代社會」國際學術研討會暨 2018年中國元史研究會年會論文集》，第 448～462 頁。
〔註91〕　（元）蘇天爵：《元朝名臣事略》卷一《太師魯國忠武王》，姚景安點校本，中華書局，1976 年，第 2 頁。

紫荊關,敗金師於五回嶺,拔涿、易二州。契丹訛魯不兒等獻北口,遮別遂取居庸」〔註92〕,這次作戰只好通過繞道背後取之。元人感慨居庸關天險之狀,作詩頌之:

居庸古關塞,我老今見之。天險限南北,亂石如城陴。

朝光映蒼翠,微袖涼颼颼。澗谷四十里,崖巒爭獻奇。

禽鳥鳴相和,草木蔚華滋。佛廬架岩上,疏泉匯清池。

民居亦棋布,機碓臨山陲。清幽入行李,緩策遂忘疲。

黃屋年年度,深仁育黔黎。從官多名儒,山石遍題詩。

伊余備史屬,斐然愧文辭。矧茲中興運,歌誦職所宜。

皇靈符厚德,豈曰恃險巇。〔註93〕

元初郝經極力強調此地重要性,並提出派兵鎮守之關鍵:

朔易幹會,斗極揭控,地勢臨天隱日,玄冬之氣,黃鍾之律,凝結形見,聚而不散,常為冰雪,故號陰區。瞰臨懸絕,以建瓴之勢,居高走下,每制諸夏死命。故自三代、秦、漢,至於今,號稱強悍之國。營、幽、并、代之北,山嶺隔閡,連高夾深,呀口傴脊,數千里,岩壑重複,扼制出入,是天所以限南北、界內外,固中原之圍,壯天地之勢者也。自秦隴亂,大河東抵,太和、紫荊繞出盧龍之塞,列關數十,而居庸關在幽州之北,最為深阻,號天下四塞之一。大山中斷,兩岩峽束,石路盤腸,縈帶隙鏪,南曰南口,北曰北口,滴瀝濺漫,常為冰霰,滑濕濡灑,側輪跐足,殆六十里石穴。及出北口,則左轉上谷之右,並長嶺而西,陰湮枯沙,遺鏃朽骨,淒風慘日,自為一天。中原能守,則為陽國北門,中原失守,則為陰國南門。故自漢唐遼金以來,常宿重兵以謹管鑰。中統元年,皇帝即位於開平,則駐蹕之南門,又將定都於燕都,則京師之北門,而屯壁之荒圮,恐啟狡焉。故作銘,畀燕京道宣慰府使勒石關上,且表請置兵,以為設險守國之戒云。銘曰:

國宅天都,高寒之區,居庸其樞兮。遼右古北,陰幽沙磧,控帶扼狐兮。山連嶺重,鍵閉深雄,巍巍帝居兮。伊昔掣鎖,金源敗破,遂為坦途兮。函谷一夫,百萬為魚,竟執哥舒兮。思啟封疆,

〔註92〕《元史》卷一《太祖本紀》,中華書局,1976年,第16頁。

〔註93〕(元)胡助:《純白齋類稿》卷二《居庸關》,《文淵閣四庫全書》本。

備不可忘，禍生不虞兮。寇不可玩，機不可緩，實惟永圖兮。天險地險，莫如人險，兵刃相須兮。刻音此銘，岩崛用告，僕夫當戒覆車兮。〔註94〕

實際上，早在拖雷時期，蒙古就注意到居庸關的軍事地位，並設兩個千戶屯駐於居庸關南、北口。至元二十五年（1288），元朝設立南、北口上千戶所總領各千戶。至大四年（1311）閏七月，樞密院奏：「居庸關古道四十有三，軍吏防守之處僅十有三，舊置千戶，位輕責重，請置隆鎮萬戶府，俾嚴守備。」〔註95〕元朝遂將其由千戶所改爲萬戶府，以欽察、唐兀、貴赤、西域、左右阿速色目諸衛軍三千人，再加上南、北口、太和嶺原有漢軍六百九十三人，屯駐居庸關東起遷民鎮西至大同路太和嶺的四十三處地方，下設十千戶所，置隆鎮上萬戶府總領之。皇慶元年（1312），正式改爲隆鎮衛親軍都指揮使司。延祐二年（1315），元朝又將哈兒魯軍千戶所歸屬隆鎮衛。〔註96〕就其自各色目衛抽調且混合編組方式而言，駐紮在居庸關的哈兒魯軍以及欽察、阿速等軍，「似乎可稱探馬赤軍。」〔註97〕

隆鎮衛的官員設置爲：「都指揮使三員，正三品；副指揮使二員，從三品；僉事二員，正四品；經歷二員，從七品；知事二員，承發兼照磨一員，俱從八品；令史七人，譯史、通事、知印各一人。」〔註98〕隆鎮衛的下屬機構有一個鎮撫所、十一個千戶所。每個千戶所爲秩正五品，設達魯花赤一員，千戶一員，百戶和彈壓若干人。其千戶所名稱和設置地如下：北口千戶所，上都路龍慶州東口置司；南口千戶所，大都路昌平縣居庸關置司；白羊口千戶所，大都路昌平縣東口置司；碑樓口千戶所，應州金城縣東口置司；古北口

〔註94〕（元）郝經：《陵川集》卷二一《居庸關銘》，《北京圖書館古籍珍本叢刊》本。

〔註95〕《元史》卷二四《仁宗本紀一》，中華書局，1976 年，第 545 頁。

〔註96〕這裡有一個問題需要指出，按《元史・兵志・宿衛》：延祐二年（1315），「元朝又將哈兒魯軍千戶所歸屬隆鎮衛。」然，黃溍：《金華黃先生文集》卷四三《太傅文安忠憲王家傳》有言：「（塔不臺）從太祖攻居庸關有功，遂以所統哈兒魯軍世守居庸之北口。………特命升其萬戶府爲隆鎮衛，降銀章金虎符，以忠惠王（曲樞）爲都指揮使。忠惠王以身居保傅，力辭，乃以忠簡王之子眾家爲指揮，而世襲其職」。北口千戶所置司於上都路龍慶州東口，則知北口千戶所應爲哈兒魯軍駐所。按此史料，早在塔不臺時期，哈兒魯軍就已經駐紮在此地，並且塔不臺後人曲樞成爲隆鎮衛首任都指揮使。上述所言「延祐二年（1315），元朝又將哈兒魯軍千戶所歸屬隆鎮衛」似值得懷疑。此點待考。

〔註97〕楊志玖：《元史曲樞傳補正》，《寧夏社會科學》1989 年第 1 期。

〔註98〕《元史》卷八六《百官志二》，中華書局，1976 年，第 2162～2163 頁。

千戶所，檀州北面東口置司；遷民鎮千戶所，大寧路東口置司；黃花鎮千戶所，昌平縣東口置司；蘆兒嶺千戶所，於昌平縣本口置司；太和嶺千戶所，大同路昌邑縣本隘置司；紫荊關千戶所，易州易縣本隘置司；隆鎮千戶所，龍慶州北口置司。

元代隆鎮衛的重要性在兩都之戰中表現得非常徹底，元文宗和燕鐵木兒正是牢牢控制了隆鎮衛，才轉變了戰爭形勢，對此《元史》有詳細記載：

> （七月）乙未，以西安王令，給宿衛京城軍士鈔有差，調諸衛兵守居庸關及蘆兒嶺。丙申，遣左衛率使禿魯將兵屯白馬甸，隆鎮衛指揮使幹都蠻將兵屯泰和嶺，發中衛兵守遷民鎮。……乙巳，遣隆鎮衛指揮使也速臺兒將兵守碑樓口。……丁未，撒敦守居庸關，唐其勢屯古北口。……隆鎮衛指揮使黑漢謀附上都，坐棄市，籍其家。……隆鎮衛指揮使幹都蠻以兵襲上都諸王滅里鐵木兒、脫木赤於陀羅臺，執之，歸於京師。〔註99〕

此段史料顯示，燕鐵木兒一方從戰爭伊始的大都佈防，到戰爭白熱化的鎮守和臨陣除奸，乃至最終的勝利，都與隆鎮衛關係密切。

截止元末，三十四個親軍衛，其中色目人組建十二衛之多（其中康里衛旋即廢罷），占元朝軍衛總數三分之一強。至於元朝調遣大量色目士兵駐屯於兩都地區，蕭啓慶先生認為：「色目軍之集中於禁衛，可能半出於元室的一貫政策，半出於政局演變的結果。既然無法集中蒙古軍於京師，代之以色目軍，以之與衛軍中的漢軍單位相制衡，原是很自然的事」〔註100〕。色目軍與漢軍制衡之說，頗有道理。然而，兩都地區大量屯軍置衛也給自己帶來了很多麻煩，葉新民先生指出：「由於這些衛軍駐守在兩都（大都、上都）地區，往往成為權臣、野心家爭奪的對象，常常充當宮廷政變的御用工具。」〔註101〕

三、蒙古軍衛

蒙古族人數較少，其在元朝軍隊中佔有較小的比例，再加上「由於元室必須屯駐大量蒙古軍於大都及南方之間的樞紐區域及其他幾個戰略上重要地

〔註99〕《元史》卷三二《文宗本紀一》，中華書局，1976年，第705～707頁。

〔註100〕蕭啓慶：《元代的宿衛制度》，《元代史新探》，新文豐出版公司，1983年，第87頁。

〔註101〕葉新民：《元代的欽察、康里、阿速、唐兀衛軍》，《內蒙古社會科學》1983年第6期。

區，自然無法屯駐大量蒙古軍於京師。」〔註102〕至元十四年（1277）五月，「以蒙古軍與漢軍相參，備都城內外及萬壽山宿衛」〔註103〕，由也速不花領導這支侍衛軍。自此，開始了蒙古軍入衛的先例。侍衛親軍中蒙古軍衛僅有六個。

左、右翊蒙古侍衛「至元八年籍充山東河北蒙古軍戶。十六年奉旨選左翊蒙古侍衛親軍」〔註104〕。至元十六年（1279）設立蒙古侍衛總管府。次年八月，元朝改蒙古侍衛總管府為蒙古侍衛親軍都指揮使司。蒙古侍衛所統軍都是原來以五投下為主的探馬赤軍。大德七年（1303年），分為左、右兩翊。左、右翊蒙古侍衛軍於新城等處屯田〔註105〕。

宗仁衛　延祐年間（1314～1320），因朔漠地區出現風雪災害，牲畜大量死亡，蒙古人民流離失所，甚至出現被賣身為奴的局面。木華黎後人拜住請求元朝「贖蒙古子女之奴於民間者隸焉」〔註106〕。至治二年（1322）五月，元英宗下令「置營於永平，收養蒙古子女，遣使諭四方，匿者罪之」〔註107〕。不久，「以亦乞列思人氏二百戶，與所收蒙古子女通三千戶，及清州匠二千戶，屯田漢軍二千戶，立宗仁衛以統之。」〔註108〕需要強調的是，此處所言「屯田漢軍二千戶」主要是解決宗仁衛蒙古人不懂農耕的問題，「調各衛漢軍二千，充宗仁衛屯田卒。」〔註109〕宗仁衛的主要屯駐地為大寧、薊州、永平、清州等地。

右都威衛　至元二十一年（1284），以五投下探馬赤軍俱屬之東宮。次年，改為蒙古侍衛親軍指揮使司。至元三十一年（1294）又更名右都威衛使司，遂正式成為中央衛軍的一部分。

左都威衛　按《元史・河渠志》「元代渾河，從大興縣流至東安州、武清

〔註102〕　蕭啓慶：《元代的宿衛制度》，《元代史新探》，新文豐出版公司，1983年，第87頁。

〔註103〕　《元史》卷九九《兵志二・宿衛》，中華書局，1976年，第2531頁。另見：《元史》卷九《世祖本紀六》「選蒙古、漢軍相參宿衛。」。

〔註104〕　潘迪：《大元贈敦武校尉軍民萬戶府百夫長唐兀公碑銘》，轉引自：張相梅：《河南濮陽元代唐兀公碑》，《中原文物》1996年第3期。

〔註105〕　《元史》卷一二《世祖本紀九》，中華書局，1976年，第253頁。

〔註106〕　（元）黃溍：《金華黃先生文集》卷二四《中書右丞相拜住神道碑》，四部叢刊本。

〔註107〕　《元史》卷二八《英宗本紀二》，中華書局，1976年，第622頁。

〔註108〕　《元史》卷八六《百官志二》，中華書局，1976年，第2171頁。

〔註109〕　《元史》卷二八《英宗本紀二》，中華書局，1976年，第622頁。

縣，入漷州界。至大二年十月，渾河水決武清縣王甫村左都威衛營西大堤，泛溢南流，沒左右二翊及後衛屯田麥」。則左都威衛、左右二翊及後衛均在武清屯田。

四、直隸省部地區的新附軍

　　將精銳新附軍整編爲侍衛親軍是元朝重要軍事策略之一，既起到了分地鎮戌作用，又使得侍衛親軍之間可以互相牽制。對於元朝把部分新附軍調到北方的目的，王曉欣先生明確指出：「元統治者把一部分新附軍調來，既便於監視，又可以以新附軍來維護北方地區的治安和發展一些生產」〔註110〕。新附軍被整編後的組織，「大致分爲兩類：一類是新附軍以百戶或千戶的組織形式數目不等的分編在以漢軍爲主或漢軍、新附軍混編的鎮守萬戶中。……另一類則是軍事體制中『相參』以新附軍人爲主的新附軍萬戶府」〔註111〕。

　　新附軍在直隸省部地區的情況，和其在全國的地位相一致，被分散擱置。至元十年（1273）四月，南宋降將呂文煥被忽必烈授予侍衛親軍都指揮使，其屬部無家眷生券軍被招入京師，編入左、中、右三衛之中。至元十四年（1277），「領新附軍五百人……選充侍衛親軍」〔註112〕。至元十五年（1278）五月，「選江南銳軍爲侍衛親軍」。〔註113〕至元十六年（1279）四月，「選揚州省新附軍二萬人，充侍衛親軍，並其妻子，遷赴京師。」〔註114〕至元十六年（1279）六月，「以新附軍二萬分隸六衛屯田」〔註115〕。這些均爲選拔滅宋而被收容的精銳新附軍整編入侍衛親軍。另外，元朝還把新附軍抽調到直隸省部的其他地區駐防。至元十六年八月，「調江南新附軍，五千駐太原，五千駐大名，五千駐衛州。」〔註116〕

〔註110〕　王曉欣：《元代新附軍述略》，《南開大學學報》，1992 年第 1 期。
〔註111〕　王曉欣：《元代新附軍問題再探》，《南開大學學報》，2009 年第 2 期。
〔註112〕　《元史》卷一二三《哈八兒禿傳》，中華書局，1976 年，第 3039 頁。
〔註113〕　《元史》卷一〇《世祖本紀七》，中華書局，1976 年，第 201 頁。
〔註114〕　《元史》卷九九《兵志二・宿衛》，第 2531 頁。另見：《元史》卷一〇《世祖本紀七》：至元十六年四月，「詔諭揚州行中書省，選南軍精銳者二萬人充侍衛軍，併發其家赴京師。」
〔註115〕　《元史》卷一〇《世祖本紀七》，中華書局，1976 年，第 213 頁。
〔註116〕　《元史》卷一〇《世祖本紀七》，中華書局，1976 年，第 215 頁。

新附軍大多從事屯田等勞務工作。至元十六（1279）年六月，從揚州行省選來的新附軍到京，「分隸六衛屯田」〔註117〕。其中一部分軍隊被派往紅城（亦作洪城，今內蒙古和林格爾縣南）屯戍，「國家建洪城屯衛」〔註118〕。至元十八年（1281）十二月，大名、衛州新附軍曾經參與開挖濟州河〔註119〕。至元二十二年（1285）正月，「徙屯衛輝新附軍六千家，廩之京師，以完倉廩。發五衛軍及新附軍濬蒙邨漕渠。」〔註120〕至元二十四年（1287）春正月，「以修築柳林河堤南軍三千，濬河西務漕渠。」〔註121〕另外新附軍則散見於各處屯田，如大名、衛輝兩翼新附軍歸屬於左翼屯田萬戶府，在大都路霸州及河間等處立屯；右翼屯田萬戶府別置新附軍千戶所。

五、屯駐軍衛與地方關係

駐紮在直隸省部地區的侍衛親軍，其屯營「官有廨，士有舍，糧糧有倉，金鼓有樓，器械有局，交易有市，凡軍中之政畢舉」〔註122〕，儼然一個完整的居民區，這勢必和就近居住者發生這樣或那樣關係，給附近地區的民眾帶來一定的影響。

駐軍給當地軍民產生騷擾。大都周圍居民栽種的榆柳槐樹，常常遭到駐軍的破壞，元朝不得不做出規定，要求蒙古軍、漢軍、探馬赤軍等「不得恣縱頭匹啃咬，亦不得非理斫伐」〔註123〕。「冀州管內，河西軍戶，閒處村落，不時騷擾，如強耕田、白採桑，欺凌農民等事，告發到官，司縣不能追理。至元十七年省院已曾差官究治，此其顯然也。合行嚴切禁約，不致別有侵漁。」〔註124〕因河道疏通不暢，遇到雨季，軍屯田地有時會給民田帶來災害。延祐三年（1316）七月，滄州言：「清池縣民告，往年景州吳橋縣諸處御河水溢，沖決堤岸，萬戶

〔註117〕《元史》卷一○《世祖本紀七》，中華書局，1976年，第213頁。
〔註118〕（元）朱德潤：《存復齋文集》卷一《中政院使買公世德之碑銘》，《四部叢刊》本。
〔註119〕《元史》卷六五《河渠志二・濟州河》，中華書局，1976年，第1626頁。
〔註120〕《元史》卷一三《世祖本紀十》，中華書局，1976年，第271頁。
〔註121〕《元史》卷一四《世祖本紀十一》，中華書局，1976年，第295頁。
〔註122〕（元）趙孟頫：《松雪齋集》卷七《明肅樓記》，四部叢刊本。
〔註123〕《至正條格・條格》卷二六《田令・禁擾農民》，韓國學中央研究院編，校注本，2007年，第54頁。
〔註124〕（元）王惲：《秋澗先生大全集》卷九○《禁約侵擾百姓》，《元人文集珍本叢刊》本。

千奴爲恐傷其屯田，差軍築塞舊泄水郎兒口，故水無所泄，浸民廬及已熟田數萬頃，乞遣官疏闢，引水入海。及七月四日，決吳橋縣柳斜口東岸三十餘步，千戶移僧又遣軍閉塞郎兒口，水壅不得泄，必致漂蕩張管、許河、孟村三十餘村黍穀廬舍，故本州摘官相視，移文約會開闢，不從。」〔註125〕

當然，屯駐軍隊也會與當地居民合作。如至大二年（1309）十月，渾河水決左都威衛營西大堤，淹沒左右二翊及後衛屯田，於是左都威衛上書要求朝廷修治河道。次年，元朝派遣侍衛親軍和當地人民共同修治渾河。〔註126〕甚至有軍官安家於直隸省部地區，如前衛百戶太不花即於永平路樂亭縣安家〔註127〕。甚至出現專門由駐防士兵攜帶家屬留駐京畿附近地區的村落〔註128〕。

六、屯駐成因淺析

以上我們大略考察了元朝在直隸省部地區諸軍屯駐情況，下面對其成因簡要分析。

第一，政治、經濟保障。侍衛親軍在京畿周圍屯營，以便拱衛京城。從維護都城的需要出發，侍衛親軍在京畿周圍穩定的駐紮、屯田成爲定制，故蘇天爵有言：「世祖皇帝既一中夏，休兵息民，以建太平。乃於畿甸之南，列置諸營，環拱京都。分立屯田，居者佃作以爲養，出者扈衛以啓行，軍制肅然而有法矣。」〔註129〕元朝的這一布置，也確實發揮了作用。如前述隆鎮衛是屯駐地草原勢力和漢地勢力交鋒的重要隔閡，正是由於隆鎮衛的設置，很大程度上，對元大都起到了很好的保護作用。海口衛則是保證河運、海運通暢，從而維護京師物資需要。

第二，軍糧供應。在京畿周圍，侍衛親軍大量屯駐，一方面形成「內立諸衛，屯田閱武，居重御輕」〔註130〕的軍事格局，另一方面，屯田可以解決軍需問題，即所謂「既一海內，舉行不廢，內則樞密院各衛，皆隨營地立屯，

〔註125〕《元史》卷六四《河渠志一·御河》，中華書局，1976年，第1601頁。

〔註126〕《元史》卷六四《河渠志一·渾河》，中華書局，1976年，第1595頁。

〔註127〕《至正條格·斷例》卷九《擅興·交換不即還營》，韓國學中央研究院編，校注本，2007年，第311頁。

〔註128〕如今北京市的阿速衛，就應是色目軍阿速衛的駐防留存。

〔註129〕（元）蘇天爵：《滋溪文稿》卷二《前衛新建三皇廟記》，陳高華、孟繁清點校，中華書局，1997年，第23頁。

〔註130〕（元）胡祗遹：《紫山大全集》卷一一《清慎堂記》，《三怡堂叢書》本。

軍食悉仰足焉。」〔註131〕侍衛親軍是以漢軍為主籌建而來，戰爭之餘，為保障軍隊的供給需要，侍衛親軍創建伊始，即擔負著軍屯的任務，「凡為衛兵者，皆半隸屯田，仍諭各衛屯官及屯田者，視其勤惰，以為賞罰。」〔註132〕只不過此時由於元朝處於南征北戰的軍事行動之際，居重馭輕的軍事意義偏重，隨著南北統一的完成，再加上「海內既一，於是內而各衛，外而行省，皆立屯田，以資軍餉」〔註133〕，軍糧供應需要遂日益加重。

當然，元朝還盡可能從士兵的生產、生活技能差異考慮，安排士兵屯駐地點。其最典型的當為屯田必須以漢軍為主。對此，史衛民先生指出：「這樣的軍營分佈，除了軍事上的需要外，還有經濟生活上的考慮。漢軍、新附軍士兵習慣於農業定居生活，自然安置在農耕地區為宜。色目人農牧參雜，把他們安排在大都北邊的農牧區相接地帶，亦農亦牧，也較適宜。在大都南邊立營的蒙古左、右翊侍衛，士兵大多是已久住中原的探馬赤軍；立營於大都北的宗仁衛，士兵多來自草原，生活習慣得以照顧。」〔註134〕

第三，軍事佈防。對於侍衛親軍屯駐分佈，史衛民認為：「大都南面屯駐的主要是漢人衛軍，色目衛軍多設營於大都之北，蒙古侍衛則分屯在大都南北。」〔註135〕周良霄認為大體一致：「其屯營所在，大體上由漢人組成者多在京南；蒙古、色目人所組成者多在京北，並分別由其中一些衛軍把守大都城門」〔註136〕。兩位先生所言大體不差，但筆者認為：還可從「混編佈防、相互制衡、利於掌控」的角度理解元朝在直隸省部地區駐軍情況，由此顯示出元人的軍事構想之高明。蕭啓慶先生也提出其制衡之初衷：「色目軍之集中於禁衛，……以之與衛軍中的漢軍單位相制衡，原是很自然的事。」〔註137〕

直隸省部地區駐軍，由漢人軍衛、色目軍衛、蒙古軍衛綜合組成，甚至夾

〔註131〕《經世大典序錄・政典總序・屯田》，《元文類》卷四一，商務印書館，1936年，第597頁。

〔註132〕《元史》卷二一《成宗本紀四》，中華書局，1976年，第458頁。

〔註133〕《元史》卷一〇〇《兵志三・屯田》，中華書局，1976年，第2558頁。

〔註134〕史衛民：《元代軍事史》，《中國軍事史》第十四卷，軍事科學出版社，1998年，第226頁。

〔註135〕史衛民：《元代軍事史》，《中國軍事史》第十四卷，軍事科學出版社，1998年，第226頁。

〔註136〕周良霄、顧菊英：《元代史》，上海人民出版社，1993年，第442頁。

〔註137〕蕭啓慶：《元代的宿衛制度》，《元代史新探》，新文豐出版公司，1983年，第87頁。

雜著少量新附軍。即使在各色軍衛內部也體現出明顯的混合編制的特徵。最典型的是隆鎮衛，正如前述，該衛以欽察、唐兀、貴赤、西域、左右阿速色目諸衛軍三千人，再加上南、北口、太和嶺原有漢軍六百九十三人，屯駐居庸關東起遷民鎮西至大同路的太和嶺的四十三處地方，下設十千戶所，置隆鎮上萬戶府總領之。後又將哈兒魯軍千戶所歸屬隆鎮衛。這個大都的北防線，既囊括了色目各衛，又增加了漢軍，並且各千戶所相互交錯。再有，宗仁衛，以「亦乞列思人氏二百戶，與所收蒙古子女通三千戶，及清州匠二千戶，屯田漢軍二千戶」四個成分組合而成。海口衛既有漢軍五千，又有康里軍二千，再加上歲例調遣的鎮遏軍一千人，其混編的特點也較為明顯。

元朝在直隸省部地區軍隊駐防的混編特徵，與地方行省的駐軍既有相一致之處，又有重要差別。元代地方鎮戍，主要從全國整體布局考慮，「世祖之時，海宇混一，然後命宗王將兵鎮邊徼襟喉之地，而河洛、山東據天下腹心，則以蒙古、探馬赤軍列大府以屯之。淮、江以南，地盡南海，則名藩列郡，又各以漢軍及新附等軍戍焉」〔註138〕。其相同者均為從全國系統考慮，其不同者，地方駐軍僅僅關注在地方穩定，而直隸省部地區駐軍，則主要服務於拱衛京師和居重馭輕，這也是宿衛系統和鎮戍系統的本質差別。

小結

元朝侍衛親軍是中原唐宋王朝禁軍制和北方民族十進制軍事單位等融合的結果。侍衛親軍最早一支武衛親軍的建立及其勢力的擴大，是忽必烈調整漢地世侯的直接結果。按照五方的概念設置五衛，可以算作元朝中央軍制的完善。

隨著元朝兩都巡幸制度的逐步定型，以流動方式護衛大汗的怯薛制度，開始轉向以護衛兩都為主。侍衛親軍承擔的這一職能可以補充或部分取代了怯薛軍的上述新職能。在這一職能的範圍內，侍衛親軍扮演了圍宿軍、儀仗軍、扈從軍、看守軍、巡邏軍、鎮遏軍幾種角色。除了護衛兩都以外，元朝的侍衛親軍還承擔了出征、工役造作乃至屯田等職能。

忽必烈確立大都為都城前後，一方面，命令漢軍諸萬戶長期駐屯江南及四川等地，中原、關中僅保留其奧魯老營，並且一概由當地管民官兼管；另一方面元朝在以兩都為主的京畿地區屯駐了大量侍衛親軍。主要分為：漢軍軍衛、色目軍

〔註138〕《元史》卷九九《兵志二‧鎮戍》，中華書局，1976年，第2538頁。

衛和蒙古軍衛三類，部分新附軍也被分割歸屬上述諸衛。元朝直隸省部地區屯軍主要是從政治、經濟、軍事等因素考慮。爲了更好地發揮各軍衛保護都城的功能，元朝採取混合編制和漢軍衛、色目軍衛、蒙古軍衛等交錯分佈屯駐以及漢軍僅存奧魯的方式，對直隸省部地區加以佈防，由此形成不同於諸行省地方鎮戍系統的特點。這是元朝直隸省部地區屯軍的最主要特色。

附：直隸省部地區各衛屯駐示意圖

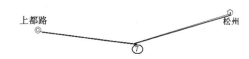

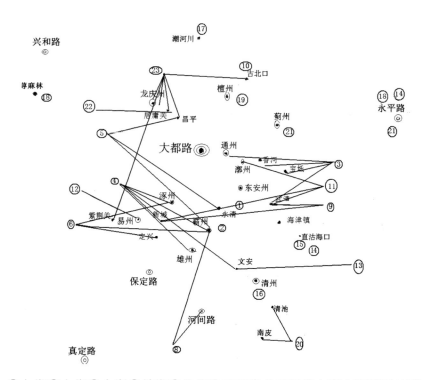

備註：①左衛②右衛③中衛④前衛⑤後衛⑥武衛⑦虎賁衛⑧右翼屯田萬戶府⑨左翼屯田萬戶府⑩忠翊侍衛⑪左衛帥府⑫左右都衛⑬龍翊衛⑭康里衛⑮海口衛⑯欽察衛⑰左右阿速衛⑱西域衛⑲貴赤衛⑳斡羅思衛㉑宗仁衛㉒唐兀衛㉓隆鎮衛

第四章　燕南河北道廉訪司考述

　　肅政廉訪司，又稱「憲司」或「監司」，該機構由元初提刑按察司沿革而來。作爲全國監察網絡的主要構成，是爲元代地方重要機構。對於元代的肅政廉訪司，學界做過很多有益的探討〔註1〕，然而專門從地方廉訪司角度加以研究的尚不多見〔註2〕。元代設有二十二道肅政廉訪司，與行省區劃明顯不同。元代直隸省部地區核心部分屬於燕南河北道肅政廉訪司（提刑按察司）〔註3〕轄區，

〔註 1〕　洪金富：《元代監察制度的特色》，《成功大學歷史學系歷史學報》1975 年第2 期。郝時遠：《元代監察制度概述》，《元史論叢》第三輯，中華書局，1986年。李治安師在丹羽友三郎、洪金富、郝時遠、周繼中等研究基礎上，從建置沿革，分司出巡與總司坐鎮，糾劾、刷卷、按問、刑獄諸職事，官吏選用，與其他衙門關係等角度，對元代肅政廉訪司加以系統論述。參見：李治安師：《元代政治制度研究》，人民出版社，2003 年，第 282～354 頁。孫繼民先生利用黑水城出土文獻、公文紙背文獻等資料對肅政廉訪司進行考察，並指導了相關研究生論文。孫繼民：《黑水城文獻所見元代肅政廉訪司「刷尾」工作流程——元代肅政廉訪司文卷照刷制度研究之一》，《南京師大學報》2012 年第 5 期。孫繼民、郭兆斌：《從黑水城出土文書看元代的肅政廉訪司刷案制度》，《寧夏社會科學》第 2 期。郭兆斌：《元代肅政廉訪司研究——以黑水城出土文獻爲中心》，河北師範大學 2012 年碩士論文。李哲坤：《圖藏公文紙本〈魏書〉紙背所見元肅政廉訪司職責問題研究》，河北師範大學 2016 年碩士論文。
〔註 2〕　瞿大風、徐力：《元代山西地區的肅政廉訪司》，李治安師等著《元代華北地區研究》，南開大學出版社，2008 年，第 73～84 頁。薛磊：《元代山北遼東道肅政廉訪司述論》，《北方文物》2009 年第 2 期。杜立暉、付春梅：《元代河西隴北道肅政廉訪司分司的設置與運作——以黑水城文獻爲中心》，《寧夏社會科學》2017 年第 3 期。
〔註 3〕　關於元代肅政廉訪司的建置沿革，日本學者丹羽友三郎劃分爲五個時期，李治安師則主張以至元二十八年（1291）二月爲界，劃分爲提刑按察司和

懷慶、彰德、衛輝〔註4〕、永平〔註5〕等路不歸其管轄。考察燕南河北道肅政廉訪司的設置沿革、主要官員、基本職能等問題，是從監察體系認知直隸省部的重要方面。

<hr/>

　　肅政廉訪司兩個階段。爲行文方便，除特殊之處外，筆者均使用肅政廉訪司，特此說明。

〔註4〕因《元史》卷五十八《地理志》在燕南河北道肅正廉訪司之後，直接列出眞定路等十一路和曹州等七州。遂有《山右石刻叢編》卷四三一八《趙繩祖興學記》所謂「《元史·地理志》燕南河北道廉訪司治眞定府，領眞定、順德、廣平、彰德、大名、懷慶、衛輝、河間、東平、東昌、濟寧諸路」。《中國歷史地圖集》第七冊《中書省》圖例亦同其說：「宣慰司道二：山東東西道治益都，領益都、濟南、般陽三路、寧海一州。河東山西道，治大同，領大同、冀寧、晉寧三路」。「肅政廉訪司道三，隸御史臺：燕南河北道，治眞定，領眞定、順德、廣平、彰德、大名、懷慶、衛輝、河間、東平、東昌、濟寧十一路，曹、濮、高唐、泰安、德、恩、冠七州。山東東西道，治濟南，領濟南、益都、般陽三路、寧海一州。河東山西道，治冀寧，領冀寧、大同、晉寧三路」。此處所言的燕南河北道按察司管轄範圍，似爲不當。至於東平路、濟寧路等山東東西道廉訪司的監察範圍，默書民已經指出（見《元代的山東東西道轄區考析》，《中國史研究》2007年第3期）。此處，筆者對彰德、衛輝、懷慶等三路，簡要考證之。按《至正條格·條格·燒毀昏鈔》：「泰定四年三月二十六日，中書省奏：『……合將隨路庫分昏鈔，這裡差人去，與正官一同監燒。……自泰定四年夏季爲始，山東、河東兩道，於廉訪司置司去處，教廉訪司官與本道宣慰司官，濟南、冀寧路官一同燒毀。燕南一道，於六部官輪流差官一員，與廉訪司、眞定路官一同檢閱燒毀。……又懷慶、彰德、衛輝三路昏鈔，教河南省依例燒毀。」據此，則彰德等三路不屬於燕南河北道廉訪司管轄範圍。另：《元典章》卷四〇《刑部二·刑獄·罪人毋得鞭背》「至元二十九年二月，中書省據御史臺呈河北河南道肅政廉訪司申准懷孟路分司僉事趙朝列牒」。《紫山大全集》卷八《賀丁適之得教授職序》「至元丙戌（1286）河北河南道提刑按察使薦彰德儒士起爲別路教官者三人」。《滋溪文稿》卷十《元故少中大夫江西湖東道肅政廉訪使趙忠敏公神道碑銘》（陳高華、孟繁清點校，中華書局，1997年，第147～148頁）「（至元）二十八年，詔改提刑按察爲肅政廉訪。起公僉憲河南。懷孟有閒田若干頃，民佃其中。竊位方面者奪爲已有，公復還之於民」。則懷孟路、彰德路均屬於河北河南道廉訪司管轄範圍，而不屬於燕南河北道廉訪司。後隨著河南河北道廉訪司改爲江北河南道，這三路則應屬於該道管轄。江北河南道廉訪司僉事韓居仁審讞衛輝路推官誣陷平準官劉榮伯不敬罪（許有壬《至正集》卷五〇《故奉直大夫僉河南道肅政廉訪司事韓公神道碑》）顯示衛輝路歸屬江北河南道管轄。

〔註5〕按《元史》卷一七七《張昇傳》「遷遼東道廉訪使。屬永平大水，民多捐瘠，升請發海道糧十八萬石、鈔五萬緡，以賑饑民，且蠲其歲賦，朝廷從之，民得全活者眾」。永平路屬於山北遼東道肅政廉訪司轄區。

第一節　燕南河北道廉訪司設置變遷

　　燕南河北道肅政廉訪司由燕南河北道提刑按察司演變而來，而燕南河北道提刑按察司則由河南河北道和山東東西道兩個提刑按察司析置而出。

　　元初設立四道提刑按察司：山東東西道、河東山西道、山北遼東道、河北河南道。按照《大元官制雜記》記載，至元六年（1269）正月，「復降旨諭河間、濟南、大名、東平、益都等路及轉運司官、諸軍民如前。命迷兒忽辛、陳祐為按察司官。復降旨諭順天、眞定、南京諸官轉運司官及軍民如前，命兀忽哧、游顯往為按察司官」。從管轄範圍判斷，以迷兒忽辛、陳祐為按察司官的河間、濟南、大名、東平、益都等路屬於山東東西道，以兀忽哧、游顯為按察司官的順天、眞定、南京等路則屬於河北河南道按察司。〔註6〕對於河北河南道按察司的治司所在地和管轄範圍，《元典章》卷六《臺綱二・體察・察司體察等例》有明確記載：「河北河南提刑按察司，彰德府置司，並分定路分：順天路、眞定路、順德路、洺磁路、彰德路、衛輝路、懷孟路、南京路、河南府路」〔註7〕。

　　由於當時按察司管轄範圍太大，造成其難以進行有效管理。時人在批評詬病的同時，提出了解決辦法：「竊見四道按察司部內寬遠，一出巡按，動經半年，往返萬里。不惟官吏生受，其實艱於周察。又體知得：高麗島夷小邦，尚設按察八道。今東寧府內屬鳳州等郡縣乃一道也。況堂堂十萬里之大國乎？據見設四道按察司，每道合無添作兩道。依上勾當，實為便益。」〔註8〕這一提議得到元朝重視，但卻並未完全按照「每道合無添作兩道」，如河南河北道、山東山西道改作三道，即兩道之內又析置出燕南河北道。至元十二年（1275）六月，「以山東東西道、河北河南地道里闊遠，難以巡歷，於兩道內外，出眞定、順天、河間、大名、順德、洺磁、冠、（思）〔恩〕及清滄運鹽之地曰燕南河北道，置司眞定」〔註9〕。如此則燕南河北道按察司監察範圍劃分如下：

〔註6〕　李治安師：《元代政治制度研究》，人民出版社，2003年，第283～284頁。

〔註7〕　按《大元官制雜記・肅政廉訪司》「復降旨諭順天、眞定、南京諸路轉運司官及軍民如前，命兀忽砡、游顯往為按察司官」的記載，河北河南按察司僅管轄順天路、眞定路、南京路。筆者認為，這裡理解的關鍵是後者所言的為「諸路轉運司」，似可理解為河南路、懷孟路同為南京路轉運司，順德路、洺磁路、彰德路、衛輝路則屬於眞定路轉運司。所以此處僅言三路。

〔註8〕　（元）王惲：《秋潤先生大全文集》卷八五《為添設按察司八道事狀》，《元人文集珍本叢刊》本。

〔註9〕　《大元官制雜記・肅政廉訪司》，廣倉學宭叢書重印本，第53～54頁。另：《元史》卷八《世祖本紀五》至元十二年（1275）七月「己卯，增置燕南河北道提刑按察司」。

眞定、順天、順德、洺磁等從河北河南道按察司劃出，大名、河間、冠州、
恩州從山東東西道按察司內劃出。值得一提的是，燕南河北道按察司的管轄
區域多來自於原河北河南道（四路），少部分來自於山東東西道（兩路兩州）。
另據《元典章》卷十四《吏部八‧文卷‧禁治私放文卷》「至元十七年五月河
北河南道按察司准襄陽路牒呈」的記載判斷，河北河南道的管轄範圍南移。
如此則保持各按察司管轄範圍大體相當。燕南河北道按察司設置的次年，又
經歷了至元十三年（1276）的「省併衙門，罷按察司」和第二年的復置。

　　值得一提的是，元朝前期，燕南河北道廉訪司（按察司）的治所出現由
眞定到大名再遷回眞定的兩次變遷。這兩場變故是隨著河南江北行中書省的
確立、燕南河北道宣慰司的廢除，尤其是河南河北道廉訪司的治所變遷而產
生的。河南江北行中書省的設置歷經反復，早在至元五年（1268），「罷隨路
奧魯官，詔參政阿里㑨行省事，於河南等路立省。」〔註 10〕至元十一年（1274）
被撤銷。這次成立的河南行省「屬於臨時執行軍事征伐任務的行省，不在地
方最高官府的正規行省之列」〔註 11〕。至元二十三年（1286）四月，中書省
臣請立汴梁行中書省及燕南、河東、山東宣慰司。最後以「南京戶寡盜息，
不必置省，其宣慰司如所請。」〔註 12〕同年十二月，設置燕南河北、河東山
西、山東東西三道宣慰司。按照「元代監察道和宣慰司道一般不在同一城置
司」〔註 13〕的原則，至元二十四年（1287）五月「移濟南宣慰司治益都，燕
南按察司治大名，南京按察司治南陽，太原按察司治西京」〔註 14〕。至元二
十八年（1291），「以河南、江北係要衝之地，又新入版圖，宜於汴梁立省以
控治之，遂署其地，統有河南十二路、七府。」〔註 15〕河南江北行省成立的
次年，燕南河北宣慰司即被撤銷。伴隨著河南江北行省的成立，河南河北道
廉訪司隨即搬遷：至元二十七年（1290）十一月由汴梁徙治許州的河北河南
道廉訪司〔註 16〕，於至元二十九年（1292）七月份還治汴梁〔註 17〕。河南河
北道廉訪司搬遷的幾乎同時，燕南河北道廉訪司也不再治大名，至元二十九

〔註 10〕　《元史》卷九一《百官志七》，中華書局，1976 年，第 2306 頁。
〔註 11〕　李治安師：《行省制度研究》，南開大學出版社，2000 年，第 204 頁。
〔註 12〕　《元史》卷一四《世祖本紀十一》，中華書局，1976 年，第 288 頁。
〔註 13〕　默書民：《元代的山東東西道轄區考析》，《中國史研究》2007 年第 3 期。
〔註 14〕　《元史》卷一四《世祖本紀十一》，中華書局，1976 年，第 298 頁。
〔註 15〕　《元史》卷九一《百官志七》，中華書局，1976 年，第 2306 頁。
〔註 16〕　《元史》卷一六《世祖本紀十三》，中華書局，1976 年，第 342 頁。
〔註 17〕　《元史》卷一七《世祖本紀十四》，中華書局，1976 年，第 364 頁。

年（1292）八月，「改燕南河北廉訪司還治眞定」〔註18〕。當然這裡還牽涉到至元二十八年（1291）二月「改提刑按察司爲肅政廉訪司」〔註19〕的問題。

　　我們似乎可以這樣理解：隨著河南江北行省的確立，元朝行省制度的逐步完善，與行政制度相維繫的監察制度也進行了更名和區劃調整，從而引起燕南河北道廉訪司的如此變遷。總之，燕南河北道提刑按察司的變遷與河南河北道提刑按察司的變遷關係較大〔註20〕。

第二節　燕南河北道廉訪司主要官員述略

　　蒙元時代，負責燕南河北地區監察事務的官員，最早可追溯到布魯海牙。布魯海牙（1197～1265），畏兀兒人，「辛卯（1231），拜燕南諸路廉訪使」〔註21〕，儘管其爲官眞定多行使與廉訪司相近職責，並得到較好的評價，但此時的廉訪使與至元二十八年以後的廉訪使有所不同〔註22〕。《元史·百官志二》爲我們提供了改爲廉訪司後，該機構官員設置及其品級問題：「肅政廉訪司。國初，立提刑按察司四道……至元六年，以提刑按察司兼勸農事。……二十

〔註18〕　《元史》卷一七《世祖本紀十四》，中華書局，1976 年，第 366 頁。

〔註19〕　《元史》卷一六《世祖本紀十三》，中華書局，1976 年，第 345 頁。

〔註20〕　按《元典章·吏部·官制》各道肅正廉訪下有「司河南河北，汴梁」，《憲臺通紀》和《元史》「江北河南道，汴梁路置司」記載，此處還有一個問題需要交代，即河北河南道肅正廉訪司後被改爲江北河南（又稱河南江北道）道肅正廉訪司，其變化依然可能引起燕南河北道廉訪司的變化，但對此缺乏相應記載。只有一點似可以幫助理解，按《元史·文宗本紀四》至順二年（1331）「戊申，立廣教總管府，以掌僧尼之政，凡十六所：曰京畿山後道，曰河東山右道，曰遼東山北道，曰河南荊北道，曰兩淮江北道，曰湖北湖南道，曰浙西江東道，曰浙東福建道，曰江西廣東道，曰廣西兩海道，曰燕南諸路，曰山東諸路，曰陝西諸路，曰甘肅諸路，曰四川諸路，曰雲南諸路。」此處設置的爲宣政院下轄宗教管理的地方分支機構，綜合比較，該分區和肅正廉防司的諸道有諸多一致之處，此處宣政院所轄河南荊北道或與江北河南道肅正廉訪司轄境一致。如此說成立，則河南河北道廉訪司則即爲江北河南道廉訪司。此點待考。

〔註21〕　《元史》卷一二五《布魯海牙傳》，中華書局，1976 年，第 3070 頁。

〔註22〕　（元）陶宗儀《南村輟耕錄》卷二《以官爲氏》（上海古籍出版社，2012 年，第 20 頁）記載：布魯海牙受命廉訪使之際，恰逢廉希憲出生，「顧曰：『是兒必大吾門。吾聞古者以官受氏，天將以廉氏吾宗乎？吾其從之。』舉族承命。」然則，至元二十八年（1291），元朝提刑按察司改爲肅政廉訪司，其時，布魯海牙早已故去。劉曉：《大蒙古國和元朝初年的廉訪使》（《元史論叢》第八輯，江西教育出版社，2001 年，第 118 頁）認爲「布魯海牙所擔任的廉訪使，顯然是元朝肅政廉訪司乃至提刑按察司成立之前就已經存在了的官職」。

八年，改按察司曰肅政廉訪司。……每道廉訪使二員，正三品；副使二員，正四品；僉事四員，兩廣、海南止二員，正五品；經歷一員，從七品；知事一員，正八品；照磨兼管勾一員，正九品；書吏十六人，譯史、通事各一人，奏差五人，典吏二人。」爲從具體人物方面認識燕南河北道廉訪司，下面對其主要官員加以考述。

燕南河北道名副其實的第一任按察使爲元初名臣趙瑨（1202～1284）。趙瑨是蔚州趙氏家族的發跡人物。「肇置四道提刑按察司，以公（趙瑨）使燕南河北，轉使河北河南。」〔註23〕此處雖然稱爲「肇置四道提刑按察司」，但由前述至元六年（1269）「四道提刑按察司」設置問題的論述可知，四道按察司設置之初，兀忽吥、游顯爲按察司官。另據其本傳「六年改太原路總管。十二年，升燕南道提刑按察使。十四年，遷河南道。十六年，致仕」等語推斷，趙瑨當爲至元十二年（1275）燕南河北道從山東東西道和河北河南道析出後的第一位按察使。

不忽木（1255～1300），又做卜忽木、不灰木、博果密，一名時用，字用臣，康里人。其父燕眞，從忽必烈征伐有功。不忽木與太子眞金一起受業於王恂，後於國子監從許衡學，爲漢文化造詣較深的西域人。至元十五年（1278）由利用監少監出爲燕南河北道按察副使。不忽木深受忽必烈賞識，被譽爲「素剛正」〔註24〕。至元十九年（1282）升爲按察使。其後兩度爲相，得到時人好評，「公（不忽木）自爲相，左右兩朝，位至軍國，顯融極矣，被服唯儒生。公退未嘗廢書，自號靜得，得君而不恃，得人而不滿，居高位自卑若不足。天下視其身進退，爲廟堂重輕者十年」〔註25〕。

王惲（1228～1304），字仲謀，號秋澗，衛州汲縣人。至元十四年（1277）從河南河北道調任燕南河北道按察副使。著述頗豐，《相鑒》五十卷，《汲郡志》十五卷，《承華事略》《中堂事記》《烏臺筆補》《玉堂嘉話》並雜著詩文合爲一百卷，收入其文集《秋澗先生大全集》。爲官燕南按察司之際，書寫了許多燕南地區詩歌。關注民間生活艱難的《入奏行美聖政而重民急也》：「君不見燕南饑民行且泣，膏澤屯來三百日，蠶沙齧盡木皮空，剉末草根充糧食。」抒發胸懷的《重謁樓桑昭烈帝廟》：「百里燕南道，山河統帝宮。荒村仍故里，

〔註23〕（元）姚燧：《牧庵集》卷二七《提刑趙公夫人楊君新阡碣》，四部叢刊本。
〔註24〕《元史》卷一三〇《不忽木傳》，中華書局，1976年，第3167頁。
〔註25〕（元）蘇天爵：《元朝名臣事略》卷四《平章魯國文貞公》，姚景安點校本，中華書局，1996年，第67頁。

喬木幾秋風。簡策經綸在，丹青戶牖空。寥寥千載下，無愧孔明公。」〔註26〕。
在這一職務後期，王惲「採儲闈之事要，庶幾賈傅之遺規」〔註27〕，撰寫出
六卷本《承華事略》。此書內容分爲二十篇，「一曰廣孝，二曰立愛，三曰端
本，四曰進學，五曰擇術，六曰謹習，七曰聽政，八曰達聰，九曰撫軍，十
曰明分，十一曰崇儒，十二曰親賢，十三曰去邪，十四曰尚儉，十五曰幾諫，
十六曰從諫，十七曰推恩，十八曰尚儉，十九曰戒逸，二十曰審官。」〔註28〕
進獻太子眞金，「太子善其說，賜酒慰喻之。令諸皇孫傳觀，稱其書弘益居多。」
〔註29〕至元二十六年（1289），受御史中丞董文用推薦，出任閩海道按察使。

張起岩（1285～1353）字夢臣，號華峰，延祐年間進士。「至元乙酉三月
乙亥，太史奏文昌星明，文運將興。時世祖行幸上京。明日丙子，皇孫降生
於儒州（龍慶州）。是夜起岩亦生。其後皇孫踐祚，是爲仁宗，始詔設科取士，
及廷試，起岩遂爲第一人。論者以爲非偶然也。」〔註30〕以翰林承旨的身份
出任宋、遼、金三史總裁官。任職燕南廉訪使期間，一爲「搏擊豪強，不少
容貸，貧民賴以吐氣。」〔註31〕，另爲治理滹沱河（參見前文「滹沱河治理」）。

薩都剌〔註32〕，字天錫，號直齋。元代著名文學家，因早年居地雁門，
有《雁門集》傳世。與索士岩既爲同榜進士，又同爲燕南廉訪司經歷〔註33〕。
從現存資料看，他在燕南廉防司任職次數最多且品級較低。其爲照磨時，曾
陪同祭祀玉華宮睿宗拖雷神御〔註34〕。後爲官廉訪使〔註35〕。

劉敏中（1243～1318），字段甫，濟南章丘人。元代著名文人，《四庫全

〔註26〕（元）王惲《秋澗先生大全集》爲我們研究燕南河北道提供很多具體資料，如
　　　　巡政、交友、治產、風光、文物、人情等等。由於篇幅所限，不再贅述。
〔註27〕（元）王惲：《秋澗先生大全集》卷七十八《進呈〈承華事略〉箋》，《元人文
　　　　集珍本叢刊》本。
〔註28〕《元史》卷一一五《裕宗傳》，中華書局，1976 年，第 2890～2891 頁。
〔註29〕《元史》卷一六七《王惲傳》，中華書局，1976 年，第 3934 頁。
〔註30〕《元史》卷一八二《張起岩傳》，中華書局，1976 年，第 4195～4196 頁。
〔註31〕《元史》卷一八二《張起岩傳》，中華書局，1976 年，第 4194～4195 頁。
〔註32〕薩都剌，《元史》無傳。其族屬、履歷、生卒年代有多種說法。參見：張旭光
　　　　《薩都剌生平仕履考辨》，（《中華文史論叢》1979 年第 2 期）和《回族詩人薩
　　　　都剌姓氏、年輩再考訂》（《揚州師範學報》1988 年第 3 期）。
〔註33〕（元）薩都剌：《雁門集》卷四《題進士索士岩詩卷，士岩與余同榜，又同爲
　　　　燕南官。由翰林編修爲御史臺掾，兼經筵檢討，除爲燕南廉訪經歷》，上海古
　　　　籍出版社，1982 年，第 107 頁。
〔註34〕《元》乃賢：《河朔訪古計》卷上，《文淵閣四庫全書》本。
〔註35〕（元）李存：《俟庵集》卷二三《孫微君哀辭》，《文淵閣四庫全書》本。

書提要》稱「其詩文率平正通達，無鉤章棘句之習。在元人中，亦元明善、馬祖常之亞」。有《中庵集》二十五卷存世。其爲監察御史時，曾因彈劾權臣桑哥未果而辭職歸鄉。他還任職燕南河北道廉訪副使、陝西行臺治書侍御史、淮西肅正廉訪使等憲司多年。曾上書元朝皇帝，「陳十事曰：整朝綱、省庶政、進善良、剔奸蠹、顯公道、杜私門、廣恩澤、實鈔法、嚴武備、舉封贈」〔註36〕。其上奏諸事或可見其爲官之正氣。

孛朮魯翀（1279～1338），鄧州順陽人，女眞族。初名思溫，字伯和。從江西名士蕭克翁遊學。據傳，「（蕭克翁）夜夢大鳥止其所居，翼覆軒外，舉家驚異，出視之，衝天而去。明日，翀至。」〔註37〕因改其名曰「翀」，字子翬。後受業於大文人虞集。清人輯其所作《菊潭集》。孛朮魯翀曾參與編纂《大元通制》，書成爲之作序。其爲燕南廉訪使時，「晉州達魯花赤有罪就逮，而奉使宣撫以印帖徵之，欲緩其事。翀發其奸，奉使因遁去。」〔註38〕不給奉使宣撫使臉面，可見其正直之性。

脫烈海牙，畏吾兒人。世居別失拔里之地。成吉思汗西征期間，脫烈海牙曾祖闊華八撒術，勸導其主亦都護迎降。自其祖八剌術始，徙居眞定。其爲職燕南河北道廉訪司僉事得到好評：「務存大體，不事苛察。在任六年，黜污吏百四十有奇。」〔註39〕

結合下表，我們可以看出燕南河北道廉訪司官員大約有以下幾個特點：

第一，廉訪司官員地位較高。元朝在地方監察系統設置二十二道廉訪司，其中，內八道直隸於御史臺，江南十道隸屬江南行臺，陝西四道隸屬陝西行臺。因燕南河北道廉訪司「移近畿甸」〔註40〕，其地位和該地區在全國的政治地位比較一致，堪稱全國地方第一道。廉訪司的顯赫地位與其官員任職情況相一致，此特點大體可以從燕南廉訪司官員職務變遷方面得到體現。一般而言，從元朝職位升遷原則來論，燕南廉訪司官員應爲從他道同級職務調遣或從御史臺直接派遣而來，由燕南廉訪司調任中央同級職位或他道的高一級

〔註36〕 《元史》卷一七八《劉敏中傳》，中華書局，1976年，第4136頁。

〔註37〕 《元史》卷一八三《孛朮魯翀傳》，中華書局，1976年，第4219頁。另見：蘇天爵：《滋溪文稿》卷八《元故中奉大夫江浙行中書省參知政事孛朮魯公神道碑銘並序》（陳高華、孟繁清點校，中華書局，1997年，第122～123頁）：「夜夢大鳥集所居屋，翼覆院外，疾出視之，衝天而去。」

〔註38〕 《元史》卷一八三《孛朮魯翀傳》，中華書局，1976年，第4220～4221頁。

〔註39〕 《元史》卷一三七《脫烈海牙傳》，中華書局，1976年，第3320頁。

〔註40〕 （元）姚燧：《牧庵集》卷二〇《山南廉訪副使馮公神道碑》，四部叢刊本。

職務。如：王惲、趙晟分別由河南河北道副使、山東道廉訪副使遷爲燕南河北道廉訪副使。不忽木由燕南河北道按察使除爲吏部尚書。

　　另從下表中數例官員任職變遷，可以看出經由他道同級調任燕南道，而再任職偏遠肅政廉訪司各道時往往升職。王利用，其由陝西按察副使調任燕南按察副使，再升爲四川按察使。王忱，由河北河南道按察副使，改任燕南道副使，後升任嶺南廣西道廉訪使。薩都剌，由御史臺掾，經過燕南道架閣官，升爲閩海廉訪司知事。馮岵，以嶺北湖南道僉事任職本司僉事，後升爲江西湖北道提刑按察副使。這種任職趨勢，明顯可以反映出燕南河北道廉訪司官員地位相對爲高。

　　第二，廉訪司官員多爲重要人物。表中所列 38 人，《元史》爲其立傳 17 人。其中不忽木、趙瑨、王惲等人均爲元代名臣。另，其中蒙古勳貴較多，如不忽木、脫列海牙、囊加帶子執禮合臺等。

　　第三，文人儒士參與明顯。王惲、陳天祥、張起岩、劉敏中，再加上薩都剌、孛朮魯翀等人，他們均爲元代著名儒士並有文集傳世。這些儒士爲監察官員與元代「風紀之司，用吏馭法，必求諸儒」〔註41〕比較一致。對於元代監察制度利用儒臣，姚大力先生指出：「通過他們掌握輿情，必要的時候也通過他們整頓吏治，以求社會關係的適當平衡」〔註42〕。部分少數民族官員的漢文化程度很高。不忽木，薩都剌、孛朮魯翀等詩歌創作，堪比漢族文人。

燕南河北道廉訪司主要官員表

官員姓名	職務名稱	任職時間	籍貫	族別	前任職務	後任職務	資料來源
趙瑨〔註43〕	按察使	至元十二～十四年	蔚州	漢族	太原路總管	河北河南道按察使	《元史》本傳
不忽木	按察副使	至元十五年～十九年	康里		利用少監	吏部尚書	《元史》本傳

〔註41〕　（元）劉仁本：《羽庭集》卷五《送浙東憲史陳道長考滿序》，《文淵閣四庫全書》本。

〔註42〕　姚大力：《元朝科舉制度的興廢及其社會背景》，《元史及北方民族史研究集刊》第 6 期，《南京大學學報》專輯，1982 年，第 37 頁。

〔註43〕　然至元九年（1272）由馮崧撰寫的《無極縣廳事題名記》（見《常山貞石志》卷十六，臺灣新文豐出版公司石刻史料新編本，第 13439 頁上）記載趙瑨爲提領，待考。

官員姓名	職務名稱	任職時間	籍貫	族別	前任職務	後任職務	資料來源
	按察使	至元十九年～二十二年					
王惲	按察副使	至元十四年～至元十九年	衛州汲縣	漢族	河北河南道按察副使	山東東西道按察副使	《元史》本傳
姜彧	按察使		萊州萊陽	漢族	江南行臺御史中丞	（告退）	《元史》本傳《松雪齋集》卷八《大元故嘉議大夫燕南河北道提刑按察使姜公墓誌銘》
王利用	按察副使		通州潞縣	漢族	陝西按察副使	四川按察使	《元史》本傳
吳鼎	按察副使		廣平	漢族			《元史‧吳元圭傳》、《滋溪文稿》卷二二《榮祿大夫樞密副使吳公行狀》
寇元德	按察副使			漢族			《靜修集》卷九《處士寇君墓表》
劉敏中	（廉訪副使）〔按察副使〕		濟南章丘	漢族	御史臺都事	國子司業	《元史》本傳
張孔孫	按察使	至元二十二～二十八年	隆安	漢族	禮部尚書	燕南道廉訪使	《元史》本傳、《（正德）大名府志》卷六《官守志》
	廉訪使	二十八年～			燕南道按察使	河南江北行中書省僉事	
王忱	廉訪副使	至元二十九年～至元三十年	趙州寧晉	漢族	河北河南道按察副使	嶺南廣西道廉訪使	《滋溪文稿》卷二三《元故參知政事王憲穆公行狀》
陳天祥	廉訪使	至元三十年～元貞元年	趙州寧晉	漢族	江南行臺侍御史	山東東西道廉訪使	《元史》本傳
王壽	廉訪副使	元貞二年～大德二年	涿郡新城	漢族	大司農丞	集賢直學士	《元史》本傳

官員姓名	職務名稱	任職時間	籍貫	族別	前任職務	後任職務	資料來源
盧摯	廉訪副使		涿州	漢族			《滋溪文稿》卷一九《元故尚醫寶君墓碣銘》
暢師文	廉訪使		汴梁	漢族	翰林侍讀學士	翰林學士	《至正集》卷四九《暢公神道碑》
僧家訥	廉訪副使			蒙古族	戶部郎中	山東東路鹽運使	《道園類稿》卷二六《廣東道宣慰使都元帥僧家訥生祠記》
執禮和臺	廉訪使	延祐年間					《常山貞石志》卷一九《聖主本命長生祝延碑》
答里麻	廉訪副使	至治二年～	高昌		河東道廉訪副使	濟寧路總管	《元史》本傳
孛术魯翀	廉訪使	泰定三年～	鄧州順陽	女直〔註44〕	河南行省左右司郎中	太常禮儀院事	《元史》本傳
趙晟	廉訪副使		易州淶水	漢族	山東道廉訪副使	同知儲政院事	《滋溪文稿》卷一一《皇元贈集賢直學士趙惠肅侯神道碑銘》
	廉訪使				同知儲政院事	翰林直學士	
福壽	廉訪使			唐兀	戶部尚書	樞密副使	《元史》本傳
張起岩	廉訪使		濟南歷城	漢族	御史臺侍御史	江南行臺御史中丞	《元史》本傳
徐毅	廉訪使			漢族	江南行臺侍御史	陝西行臺御史中丞	《金華集》卷二七、《文獻集》卷一〇下《御史中丞徐公神道碑》
阿思蘭哈雅	廉訪副使						《松香集》卷一《新城縣新修學記》
宋達	廉訪副使	（後）至元二年～		漢族			《燕石集》卷一二《宋氏七子名字序》
王守誠	廉訪使		太原陽曲	漢族	禮部尚書	河南行省參知政事	《元史》本傳

〔註44〕　一作色目人，見：蔣易　輯《皇元風雅》卷五。

官員 姓名	職務 名稱	任職 時間	籍貫	族別	前任 職務	後任 職務	資料來源
韓元善	廉訪使	～至正九 年		漢族		中書左丞	《元史·順帝本 紀》
秦從德	廉訪使	～至正十 二年		漢族		左丞	《元史·順帝本 紀》
宋崇祿 〔註45〕	廉訪使		滑州 白馬	漢族	御史臺都 事	潭州路總 管	《至正集》卷六 三《有元故中奉 大夫陝西諸道行 御史臺侍御史宋 公墓誌銘》、《（正 德）大名府志》 卷一○《文章 志》、《新元史》 卷二○四《宋崇 祿傳》
薩都剌	架閣官			蒙古族 〔註46〕	御史臺掾	閩海廉訪 知事	《雁門集》卷一 《溪行中秋玩 月》
	照磨	元統二年 ～元統三 年					《河朔訪古記》 卷上
	經歷	後至元三 年～					《四庫全書》集 部五《〈雁門集〉 提要》
白棟	提刑按察 司僉事			漢族			白棟：《許氏思親 亭記》，見：《（嘉 靖）輝縣志》卷 七，天一閣藏明 代方志選刊續編 本。另見：許衡： 《魯齋遺書》卷 十四《門人白棟 題思親亭記》
王仁	廉訪司僉 事		眞定 路中 山府	漢族	山東廉訪 司僉事	山北廉訪 司僉事	《滋溪文稿》卷 一○《故河東山 西道肅政廉訪使 贈禮部尙書王正 肅侯墓誌銘》

〔註45〕 其墓誌銘爲燕南廉訪使，而《大名府志》和《新元史》均爲廉訪副使，待考。
〔註46〕 按《至正直記》「京口薩都剌，字天錫，本朱氏子，冒爲西域回回人。」《四
　　　　 庫全書提要》謂薩都剌（拉）「實蒙古人也」。今按後者。

官員 姓名	職務 名稱	任職 時間	籍貫	族別	前任 職務	後任 職務	資料來源
脫烈海牙	僉事		別失 拔里	畏吾	監察御史	戶部郎中	《元史》本傳
趙思恭	按察司判官		彰德 安陽	漢族	宣徽院承事郎	大司農司經歷	《吳文正集》卷六六《趙侯墓碑》、《道園學古錄》卷四十二《朝列大夫僉燕南河北道肅政廉訪司事贈中議大夫禮部侍郎上騎都尉追封天水郡伯趙公神道碑》
	廉訪司僉事	元貞二年			河北河南道廉訪司僉事		
劉濟	僉事		眞定 行唐	漢族			《秋澗先生大全集》卷五五《故提刑按察僉事劉公墓碑銘》
不花	廉訪使						《常山貞石志》卷一九《加號孔子詔書碑》〔註47〕
哇忙古臺	廉訪副使						
禿忽魯	廉訪副使						
那懷赤	僉事						
孟遵	僉事						
答立麻	僉事						
董同昇	僉事						
韓居仁 〔註48〕	經歷						
張鵬霄	知事						
許維則	官勾承發架閣庫兼照磨						

〔註47〕 此碑刻於大德十一年（1307），記載燕南廉訪司官員情況最詳，爲：肅正廉訪使一人、副使兩人、僉事四人、經歷一人、知事一人、照磨一人。另《常山貞石志》卷一九《眞定府增修廟學記》亦按此順序記載燕南廉訪司官員，多有重合，茲不復錄。

〔註48〕 （元）許有壬《至正集》卷五〇《故奉直大夫僉河南道肅政廉訪司事韓公神道碑》（四部叢刊本）記載韓居仁事蹟，然不載其任職燕南河北道廉訪司一事。

官員姓名	職務名稱	任職時間	籍貫	族別	前任職務	後任職務	資料來源
弨□	廉訪使						《常山貞石志》卷一九《眞定府增修廟學記》
答哈	廉訪副使						
李德益	僉事						
忽都不丁	僉事						
萬奴							
侯壽□							
□質							
王恪	廉訪使						《常山貞石志》卷二四《宣聖廟塑像記》
埜速達邇	廉訪使						
王祖興	僉事	至治二年～泰定元年	衛州胙城	漢族	中書吏部員外郎	中書禮部郎中	《石田文集》卷一三《朝請大夫禮部郎中王君神道碑》
拔實	僉事	至順元年～		蒙古族		刑部員外郎	《金華黃先生文集》卷二五《資善大夫河西隴北道肅政廉訪使凱烈公神道碑》
馮岵	僉事			漢族	嶺北湖南道僉事	山北遼西道廉訪副使	《牧庵集》卷二○《山南廉訪副使馮公神道碑》
索士岩	經歷						《安雅堂集》卷四《送索士岩燕南憲司經歷序》
董訥	書吏		趙州柏鄉	漢族		監察御史	《石田文集》卷一五《贈亞中大夫順德路總管董君行狀》
高汝霖	照磨			漢族			《元史·高源傳》

第三節　燕南河北道廉訪司主要職能

關於元代廉訪司的職能，元人認爲「提刑之職，一官吏，二風俗，三獄訟，四農桑，五學校，六文案，七人才。」〔註49〕以下，著重從糾劾官吏非

〔註49〕　（元）胡祗遹：《紫山大全集》卷二一《政事》，《三怡堂叢書》本。

違不法、刷卷案牘、勸農和建言、直隸朝廷和御史臺等角度對燕南河北道廉訪司的職能加以論述。

一、糾劾官吏非違不法

廉訪司最基本的監察活動爲糾劾地方官吏非違不法。廉訪司糾劾地方官吏具有兩重性：一方面，多數情況下，具有「霜摧電掣，蠹朽皆折」〔註50〕和「風動百城」〔註51〕的威嚴效果，另一方面，可謂事倍功半，「只是檢舉揭發和聽從朝廷裁決的局限性，故常因朝廷內外政治鬥爭及皇帝對臺察官態度等影響而成敗相參。」〔註52〕

世祖朝燕南廉訪使王仁，「獎善拔惡，勇於有爲。故君子聞之爲之興起，貪邪之人或自引去，雖劾其罪，亦言無所冤。……順德監郡朵羅帶盜用官帑，公（王仁）發其事皆伏辜。」〔註53〕宋崇祿爲燕南河北道廉訪副使，「按劾眞定郡守哈剌哈系、保定郡守郝囊加觸不法。罷之。」〔註54〕王惲「遷燕南河北道，按部諸郡，贓吏多所罷黜」〔註55〕。

元朝使臣憑藉自己的威勢往往在地方作威作福，廉訪司官員也對這一氣焰極力打擊。孛朮魯翀，「晉州達魯花赤有罪就逮，而奉使宣撫以印帖徵之，欲緩其事。翀發其奸，奉使因遁去」〔註56〕。元代中後期，站戶勞役繁重，逃亡日多，更加重了其負擔，各地使臣官吏親戚或退閒官僚也仗勢勒索，致使站戶更加艱難。燕南廉訪司官員上書御史臺糾劾此事〔註57〕。

除了糾劾官員個人非違不法之外，燕南廉訪司官員還對不良風氣加以制止。我們看一則《元典章》案例：

〔註50〕（元）胡祗遹：《紫山大全集》卷二〇《山南廉訪副使馮公道碑》，《三怡堂叢書》本。

〔註51〕（元）王惲：《秋澗先生大全集》卷四〇《故翰林學士紫山胡公祠堂記》，《元人文集珍本叢刊》本。

〔註52〕李治安師：《元朝政治制度研究》，人民出版社，2003年，第303頁。

〔註53〕蘇天爵：《滋溪文稿》卷一〇《故河東山西道肅政廉訪使贈禮部尚書王正肅侯墓誌銘》，陳高華、孟繁清點校，中華書局，1997年，第156～157頁。

〔註54〕（元）王沂：《元宋氏世德褒嘉之碑》，《（正德）大名府志》卷一〇《文章志》，《天一閣藏明代方志選刊》本。

〔註55〕《元史》卷一六七《王惲傳》，中華書局，1976年，第3933頁。

〔註56〕《元史》卷一八三《孛朮魯翀傳》，中華書局，1976年，第4220～4221頁。

〔註57〕《元典章》卷三六《戶部六・鈔法・僞鈔・縱賊虛指買使僞鈔》，臺北故宮博物院影印元刊本。

　　　　大德十年正月，御史臺諮承奉中書省箚付來呈：燕南道廉訪司
申：竇鳳狀告印僞鈔人王醜兒指張仲溫等買使僞鈔等事。濮陽縣典史
司吏人等取受錢物，除另行外，比聞諸處捉獲造鈔賊徒，有司往往縱
令指攀富實之家知情買使。輒憑勾捉，無辜被害，求免官吏，破蕩家
產。擬合設法通行禁治相應。緣係為例事理，本臺具呈照詳，送刑部
議得：印造買使僞鈔人等已有斷例所據，官吏取受，縱令犯人虛指富
戶破蕩家產違枉等事，合從廉訪司糾治，都省仰依上施行。〔註58〕

在此案件中，地方官員指使抓獲印刷僞鈔的犯人誣陷殷實人家，從而造成無
辜被害破蕩家產的局面，燕南廉訪司官員注意到這一情況並上報御史臺，由
御史臺送達刑部，對此事加以處理。

　　廉訪司官員糾劾地方官員非違不法，也勢必受到他們的反擊，前述唐兀臺結
援大臣向忽必烈誣陷王忱即為此例。順德府總管張文煥、太原府達魯花赤太不
花，以按察司發其奸贓，遣人詣省自首，反以罪誣按察司。御史臺臣奏：「按察
司設果有罪，不應因事而告，宜待文煥等事決，方聽其訴。」〔註59〕至元三十年
（1293）十一月，「眞定路達魯花赤合散言：『廉訪司官檢責民官太苛，乞以民官
複檢責廉訪司文卷。』從之。」〔註60〕時人對此也深有體會，順德忠獻王答剌罕
哈剌哈孫路過眞定，曾對燕南廉訪使王仁深表感慨：「居官難，居憲司又難。治
罪奪職而人弗怨，此其尤難也。使官風紀者皆然，而人寧有負冤者歟。」〔註61〕

二、刷卷案牘

　　「刷卷案牘是廉訪司擔負的另一項監察職能」〔註62〕。關於刷卷，許有
壬曾言：「風紀之設，振肅綱維，宣明風化，鎮遏奸邪為重，至於刷磨案牘，
特簿書期會之末。然而，刑獄之重輕，金谷之出納，舞弄於巧密之內，包括
乎繁冗之中。故照刷之時，尤宜介意。且諸司文案，憲司得以治之，遲者，
督之使行；錯者，釐之使正，隨其輕重而施其決罰。雖一檢一箚之失行，十

〔註58〕《元典章》卷二○《兵部三‧驛站‧站赤‧禁治攪擾站赤》，臺北故宮博物院影
　　　　印元刊本。

〔註59〕《元史》卷一○《世祖本紀七》，中華書局，1976年，第197頁。

〔註60〕《元史》卷一七《世祖本紀十四》，中華書局，1976年，第375頁。

〔註61〕（元）蘇天爵：《滋溪文稿》卷一○《故河東山西道肅政廉訪使贈禮部尚書王正
　　　　肅侯墓誌銘》，陳高華、孟繁清點校，中華書局，1997年，第157頁。

〔註62〕李治安師：《元朝政治制度研究》，人民出版社，2003年，第309~312頁。

日半月之稽緩，蓋必較而不恕也。至於憲司之事，錯者、遲者，何限首領官。雖有檢舉之名分，司回還，亦有照刷之說。而常人之情，無所警畏，習於故常，狎於情好，終於付之不問而已。苟以照刷有司之法，待之將何，所措手足耶。」〔註63〕

《元典章》記載了一個燕南廉訪司廣平分司照刷的典型案例：

　　　　至元二十八年六月初六日，燕南按察司准廣平分司牒，照刷出廣平路至元二十七年七月內陳阿双告親家李信等主婚。見有小叔陳百家馴合收繼，故男婦李興奴服內改嫁王節級爲妻，受訖財紅、鈔、絹、緞子、銀釵、金環。議得李興奴元嫁陳元僧，元僧身故，轉召孫福興爲婿，已與陳元僧義絕。孫福興亡歿，又與陳元僧異姓，況兼陳百家馴年八歲，李興奴年三十歲，年甲爭懸，若令李興奴服滿歸宗相應，據李信名下追到元受王玉財紅，即係服內成親不應之資，擬合沒官。請定奪。准此。申奉到：御史臺箚付：照得至元十二年承奉省箚徐寬告弟徐寶抛下妻阿耿，服內受財聘與李斌爲妻。按察司追到財錢，斷離。照得即目服制未定，既已成婚，又有所出，合准已婚爲定。仰依上施行，承此。今據見中相度：李興奴服內嫁與王玉係一體事理，元下財錢難議追沒，余准所擬施行。〔註64〕

此案件先有廣平路做出審理，將李信所收王玉聘財沒官，燕南廉訪司廣平分司在對廣平路案卷刷卷時，發現了該問題，並對照御史臺徐寬案件，做出「元下財錢難議追沒，余准所擬施行」的處置。

　　元朝稅收有所謂「額外課」，「謂之額外者，歲課皆有額，而此課不在其額中也。然國之經用亦有賴焉。課之名凡三十有二。」〔註65〕爲便於管理，元朝的額外課需要開寫契本，以憑收驗。有的稅務官吏採取不開契本的辦法中飽私囊。至元二十一年（1284）燕南廉訪司審查文卷時照刷出此案例，即眞定路稅務提領八合兀丁「盜稅文契、欺隱課程」〔註66〕。燕南廉訪司就此上報御史臺，並由御史臺通報全國按察部門依此辦理。

〔註63〕　（元）許有壬：《至正集》卷七四《文案稽遲》，四部叢刊本。
〔註64〕　《元典章》卷一八《戶部四·婚姻·嫁娶·兄死嫂招後夫》，臺北故宮博物院影印元刊本。
〔註65〕　《元史》卷九四《食貨二·額外課》，中華書局，1976年，第2403頁。
〔註66〕　《元典章》卷二二《戶部八·課程·契本·體察不使契本》，臺北故宮博物院影印元刊本。

三、勸農、修河、建言等

　　廉訪司具有勸農桑的職責〔註67〕，「天曆二年（1329），各道廉訪司所察勤官內丘何主簿等凡六人，惰官濮陽裴縣尹等凡四人」〔註68〕，其中無論是勤官順德路內丘縣何主薄，還是惰官大名路濮陽縣裴縣尹，均應是由燕南河北道廉訪司上報。燕南廉訪司官員王惲吟詩「漲痕到處盡翻耕，隴畝縱橫宿麥青。馬首野人爭說似，肯教欺昧老提刑。」〔註69〕可以看出，類似王惲之類的廉訪司官員不僅到處視察農業生產，而且深入到田間地頭的「鄉村野人」之間，和他們深入交談。

　　「檢覆州縣水災」〔註70〕也是廉訪司的重要工作。面對滹沱河給人們造成的重大災難，王惲也表示了極大的關注〔註71〕。張起岩爲燕南河北道廉訪使，「滹沱河水爲眞定害，起岩請封河神爲侯爵，而移文責之。復修其堤防，淪其淹鬱，水患遂息。」〔註72〕至治三年（1323），吏部侍郎王景先簽使燕南。洪荒災年，朝廷派官巡視，一爲勸民「毋以困悴爲傷」，主要是引導災民開展生產自救，以免因災害過分破壞農業生產；一爲問官「愼簡憲僚之意」〔註73〕，是爲警示地方官員，防備出現貪污腐敗現象。

　　廉訪司建言問題。作爲監察官組成部分，廉訪司隨著元朝臺諫合一而兼有「皆當建言，庶於國家有補」〔註74〕之「言官」角色。〔註75〕至元十八年（1281）十二月，燕南河北道提刑按察副使王惲向太子眞金進獻《承華事略》〔註76〕。拔實「僉燕南河北道肅政廉訪司事，建白：行大禘、罷游畋、置諫官、開言路、擇守令、嚴考核、愼選授、下達魯花赤、抑吏員、舉孝廉，蒙古色目進士當明一經章，蒙古婚姻之俗，探馬赤軍弓矢，行軍則佩之，事畢

〔註67〕　李治安師：《元朝政治制度研究》，人民出版社，2003年，第321頁。
〔註68〕　《元史》卷九三《食貨志一·農桑》，中華書局，1976年，第2357頁。
〔註69〕　（元）王惲：《秋澗先生大全集》卷三四《農里歎》，《元人文集珍本叢刊》本。
〔註70〕　（元）陸文圭：《牆東類稿》卷十四《陸莊簡公家傳》，《文淵閣四庫全書》本。
〔註71〕　（元）王惲：《秋澗先生大全集》卷九《滹沱秋漲行》，《元人文集珍本叢刊》本。
〔註72〕　《元史》卷一八二《張起岩傳》，中華書局，1976年，第4195頁。
〔註73〕　（元）柳貫：《柳待制文集》卷一六《送王吏部簽憲燕南序》，四部叢刊本。
〔註74〕　《元史》卷一七三《崔彧傳》，中華書局，1976年，第4309頁。
〔註75〕　關於廉訪司建言問題，參見：李治安師：《元朝政治制度研究》，人民出版社，第327頁。
〔註76〕　（元）王惲：《秋澗先生大全集》卷七八《進呈承華事略箋》，《元人文集珍本叢刊》本。

則納於公庫，倭人未服不宜使至中國，凡十數事，皆當世切務，後多見於施行。」〔註77〕

燕南廉訪司還行使審理冤獄的職能，「廉訪司聞，以疑獄五事移符，維至公悉爲理決。眾稱其允。」〔註78〕

當然，廉訪司還具有其他很多職能。《至正條格》有一份關於燒毀昏鈔的規定：「自泰定四年夏季爲始，山東、河東兩道，於廉訪司置司去處，教廉訪司官與本道宣慰司官，濟南、冀寧路官一同燒毀。燕南一道，於六部官輪流差官一員，與廉訪司、眞定路官一同檢閘燒毀。」〔註79〕此份文件可以看出，監督地方官燒毀昏鈔也是燕南河北道廉訪司職責之一。

四、直隸朝廷、御史臺

燕南河北道廉訪司因位處京畿之地，朝廷及中央最高監察機構御史臺均對其極爲重視。有的按察使，甚至直接受知於大汗。這方面的典型人物爲不忽木。其本傳記載其爲官燕南按察司期間發生了以下事例：

> 帝遣通事脫虎脫護送西僧往作佛事。還過眞定。棰驛吏幾死，訴之，按察使不敢問。不忽木受其狀，以僧下獄。脫虎脫直欲出僧，辭氣倔強。不忽木令去其冠庭下，責以不職。脫虎脫逃歸以聞。帝曰：不忽木素剛正，必爾輩犯法故也。繼而燕南奏至，帝曰：我固知之。〔註80〕

我們知道，元代使臣頗有權勢，尤其是皇帝親自派遣的使臣。此處，忽必烈派遣的通事脫虎脫護送西僧去往五臺山做佛事，在回來路過眞定時，或因驛站人員侍奉不周而「棰驛吏幾死」。大約是考慮到脫虎脫的皇帝使者身份，其他按察使官員不敢追求其責任。不忽木不僅將西僧下獄，而且對脫虎脫也加以追責。得知此事的忽必烈，卻表現出極爲欣賞的姿勢。究其原因，不忽木近侍根腳且爲忽必烈熟知使然。

〔註77〕　（元）黃溍：《金華黃先生文集》卷二五《資善大夫河西隴北道肅政廉訪使凱烈公神道碑》，四部叢刊本。

〔註78〕　（元）郭天祿：《知縣顏仲德去思碑》，《（成化）順德府志》，2007年邢臺市翻印本，第93頁。

〔註79〕　《至正條格·條格》卷二十三《倉庫·燒毀昏鈔》，韓國學中央研究院編，校注本，2007年，第23頁。

〔註80〕　《元史》卷一三〇《不忽木傳》，中華書局，1976年，第3167頁。

　　因燕南地區爲中書省直轄地區，地方上很多事務需要中書省及六部直接
管理，燕南廉訪司與地方路府州縣之間的具體行政事務，有時候需要通過中
書省六部和御史臺等聯合處置，之後其處理原則以文件形式頒發到其他各
道。下面是燕南廉訪司關於從「縣典史、州司吏」選取「奏差」的一份文件：

　　　　至大元年三月，行臺准：御史臺諮：奉中書省箚付來呈燕南河
　　　北廉訪司，至元二十二年各道按察司奏差有缺，於縣典史州司吏內
　　　選取，九十月考滿，於都目內任用。照得本司奏差黃世斌，元係祁
　　　州司吏選充前役勾當，九十月考滿別無出身定例，具呈照詳，送禮
　　　部，照得：司縣典史元係各路差設。大德六年呈准省判本部注授都
　　　吏目，若無窠缺於典史內借注，任回各理本等月日。今承見奉，再
　　　行議得：今後廉訪司奏差有缺州司吏內選補，考滿依上例都目內遷
　　　用，違例補用之人別無定奪，如蒙准，呈箚付御史臺，照會相應都
　　　省，准擬，仰依上施行。〔註81〕

從這份文件可以看出，燕南廉訪司奏差黃世斌係由祁州司吏選充而來，針對
其考滿以後的安排問題，燕南河北道廉訪司呈報禮部，由禮部商議後，再通
過中書省，轉發給御史臺，或再由御史臺下發給行臺。大德十年（1306）正
月，「御史臺諮承奉中書省箚付：來呈燕南道廉訪司申：寶鳳狀告印僞鈔人王
醜兒指張仲溫等買使僞鈔等事」〔註82〕也是經由燕南河北道廉訪司上報中書
省刑部，定議後通過中書省發文御史臺。

　　燕南河北道廉訪司之下設有分司，對分司而言，其爲總司，而對於御史
臺而言，其則爲御史臺的下屬機構——憲司。燕南河北道廉訪司可謂承上啓
下，既負責按照御史臺的要求，解決各地分司難以處理的問題，又負責將各
分司遇到的疑難問題上報中臺，請求指示。下面看《元典章》的一份案例：

　　　　大德五年三月，行臺准，御史臺諮，燕南河北道廉訪司申准分
　　　司牒該：體知晉州達魯花赤捏克伯家在解州，職居見任，思慕彼中
　　　妻子，無由搬取，乃虛稱老母病亡奔喪給假，前到解州住經月餘，
　　　不顧老母之養，却攜妻子同來任所。爲此，責得捏克伯狀，招伏是

〔註81〕《元典章》卷一二《吏部・吏制・宣使奏差・廉訪司奏差州吏內選取》，臺北
　　　　故宮博物院影印元刊本。
〔註82〕《元典章》卷二〇《戶部六・鈔法・僞鈔・縱賊虛指買使僞鈔》，臺北故宮博物
　　　　院影印元刊本。

實。得此，切詳，父母，子之天地也，生事喪葬俱有常例，其捏克
伯母幸生存，忽言病故給假，以取妻子，其昵於私愛，棄絕大倫，
無甚於此。若不懲戒，有傷風化。擬合將本官斷罪罷職，仍追離職
月日俸給還官，遍行各處以警其餘。牒請照驗，准此。卑司看詳，
捏克伯所犯詐稱母死，求假奔喪，窺避官事，即係不忠不孝，其罪
非輕，若准分司所擬，嚴行懲戒相應，申乞照詳。得此，於十二月
二十四日本臺奏過事內一件，燕南廉訪司文字裏說將來，晉州達魯
花赤捏克伯小名的人，他娘死了，麼道說謊，撇了勾當，去家裏取
將他媳婦來，娘死了也麼道說謊，家裏去來的招了他的罪過，重有
來。詔書裏免了也他的勾當裏罷了，不揀幾時勾當裏，休委付呵。
怎生，奏呵，那般者。麼道，聖旨了也，欽此。〔註83〕

此案係晉州路達魯花赤捏克伯謊稱母親死亡，歸家解州月餘，之後不顧母親
年老需要養護，將自己的妻子帶到晉州。此事或被燕南河北道所屬眞定分司
體察得知，由分司拿出處理意見，上報燕南河北道廉訪司，該司也認定捏克
伯所犯爲「不忠不孝，其罪非輕」，遂將此上報御史臺。御史臺即以此例作爲
典型案例向全國發文。此份文件中的「分司牒該」「卑司看詳」「本臺奏過事
內」分別代表了眞定分司、燕南河北道廉訪司、御史臺相應三層機構的公文
格式。

小結

與元代「直隸省部」相一致，燕南河北道肅政廉訪司經歷了管轄範圍的
變遷。這些變遷是隨著河南江北行中書省的確立、燕南河北道宣慰司的廢除，
尤其是河南河北道廉訪司治理範圍的變遷而產生的。對燕南河北道肅政廉訪
司管理範圍考察，可以看出元代政治管理區域和監察管理區域之間變遷的關
聯性。

作爲「直隸省部」地區重要的監察單位，燕南河北道肅政廉訪司可謂天
下第一道。其官員，既有布魯海牙、不忽木、脫烈海牙之類的少數民族名望
功臣，也有王惲、張起岩、劉敏中之類的漢族才略志士。通過對該道官員任

〔註83〕《元典章》卷四一《刑部三・諸惡・不孝・捏克伯虛稱母死》，臺北故宮博物
　　　　院影印元刊本。

職變遷的考察，我們發現：就地方監察系統而言，該道官員在同級職位中，幾乎是最高的，同時很多官員，又是藉此從這裡走向偏遠地區的高一級職務。

燕南河北道廉訪司直轄於御史臺，因其地位較崇，故其與朝廷、中書省及六部等聯繫密切，直接受到御史臺指導較多。作爲京畿地區的監察機構，從糾劾官員非違不法、刷卷案牘等角度，對燕南河北道廉訪司職能的考察顯示：該道廉訪司極容易得罪當朝權臣，招致他們的報復，但同時這裡又往往因最易受皇帝等賞識而獲得內助。這一特點反映了元朝對該地區廉訪司監察的高度重視。

總之，作爲天下第一道肅政廉訪司，燕南河北道肅政廉訪司在官員選拔及陞轉、與御史臺的關係、受知於朝廷等方面，都表現出其天下第一道的顯著特色。